461個の弁当は、
親父と息子の男の約束。

渡辺俊美

JN131351

マガジンハウス

はじめに

2010年の冬、息子の登生《とうい》が高校受験に失敗してしまった。

振り返ってみると、前年には僕と前妻が離婚しているので、家族の間に大きな変化があった時期。夫婦揃って不規則な仕事をしていたけど、登生は淋《さび》しい顔ひとつ見せず、いつも飄々《ひょうひょう》としていた。でも、思えば多感な15歳。きっと複雑な思いをさせたせいもあったと思うんです。

半年経った秋のある日。再受験するかどうか、登生に相談してみたんです。すると、即答で「学校へ行きたい」と返してくれました。僕自身、洋服屋を経営したり、ミュージシャン活動をするなど、これまでかなり自由に生きてきたので、なにも学校がすべてではないと考えていました。興味のあることを、ひたすらやってくれていいと思っていたんです。もっと言えば、日々楽しく生きててくれればいいくらい。それでも登生が自分から「学校へ行きたい」と答えてくれた時は嬉しかった。僕もできる限りサポートして、一生懸命応援することにしたんです。

翌年の春、登生は無事高校に合格しました。我が子のことなので少し気恥ずかしいけれど、苦手な勉強から逃げもせず、よくがんばったと思います。入学を目前にした春のある日、「一度決めたからには必ず3年間、休まず通って卒業する」と約束してくれました。なかなかカッコいい男の子になりましたね。父と息子の男二人家族。僕自身もなにか目標を立て、男と男の約束を交わしたいと考えたんです。

入学式直前のある日。〝学校で食べる昼食はどうするんだろう？〟と、ふと思ったんです。中高生の子供を持つ友人や知り合いにたずねてみると、「お金を渡して好きなものを買うようにしている」という答えが多かった。

ただ、僕自身の高校時代を振り返ってみると、剣道部に所属していたせいもあって、毎日お腹が空いて仕方がなかったなぁと思うんです。弁当に加えてさらに学食のパンを買うほど。弁当代わりにお金だけを渡すことに、少し違和感があったんですよね。

家に帰って、登生へ「お金を渡すから自分で好きなものを買うか。それともパパがお弁当を作るか。どっちがいいの？」と聞いてみると、答えは「パパの弁当がいい」と言いました。理由は「コンビニの弁当より、パパが作った方がおいしいから」という返事でした。笑みがこぼれるほど嬉しかった。料理好きが高じて、ご飯を作ってきた甲斐がありました。この時「3年間、毎日お弁当を作る！」という、僕自身の目標が生まれ、男と男の約束を交わすことができたんです。

しかし、同じ料理でも弁当となると話は別。たまの行楽に作るのではなく、毎日仕事をしながらだと、もう大変です。最初は惜しみなく時間とコストをかけていましたが、弁当に支配されるような日々になっていて、5月の連休明けには正直疲れてしまいました。

そこで、疲弊せず、可能な限りおいしいものを作るために、3つのルールを導入することにしたんです。

（1）調理の時間は40分以内。
（2）1食にかける値段は300円以内。
（3）おかずは材料から作る。

手を抜いて、いい加減なものを作るつもりはないけど、ルールを作ってからは、気持ちがすごく楽になって、作業がスムーズになりました。夕飯の時に残ったものを整理しておいて、朝少しだけ早く起きて調理する。大体それくらいの感じです。

こうして振り返ってみると、3年間全461食。「今日の3色ピーマンとひじきの炒めは最高だった」、「空豆はにおいがキツいから入れないでほしい」という日々の感想。ライブで地方へ行った翌日、現地で買ってきた食材に気付いた登生から「九州へ行ってきたの?」と聞かれた時は、弁当が手紙の代わりをつとめてくれたと感じました。また、登生がタイ旅行中、ナンプラーの味に目覚めて、「料理に使ってほしい」と自分で買ってきた時は、〝なんだか少し大人になったなぁ〟と成長を感じることもあった。思い返せば、弁当を通していくつもの会話があったように思います。もう作らなくていいと思うと、楽ではありますが、淋しい気持ちになりました。

かすかな記憶しかない弁当もあるけれど、写真で振り返ると、3年間で確実に僕の料理の腕が上がっていることがわかります。難しい年頃にもかかわらず、幸いまっすぐ育ってくれた登生の感想や言葉が、自分を育ててくれたと実感しています。

僕自身、正直に言うと、料理の本を発表する気持ちはありませんでした。なぜなら、作ってきたのは、それほど難しい料理じゃないし、プロには敵《かな》いませんからね。便利で、気の利いたレシピの本ならいくらでもあると思うんです。

でも、ひとりで子供を育てている人、特に男ですからシングルファーザーを応援したいという気持ちは強くあります。うちはよく話をする方だけど、正直なところ、子供が本当はどんな気持ちでいるかなんて、わからないことが多いんです。コミュニケーションを取ろうとしても、仕事をしている最中で時間が限られるので、不十分なことも多い。しかし、いくら悩んだって、考えたって、お腹は空くものです。それなら、まずは親子でおいしいものを食べればいいんじゃないかと思います。毎日同じものを食べている親子なら、〝おいしい！〟と思うツボは似ていると思います。どんなに忙しくても〝これ、おいしいね〟という一言だけでも交わすことが、すごく大事なんじゃないかと思います。

おいしいものを毎日食べたいと思っている人はもちろん、子供との距離に悩んでいる人へ、少しでもヒントになれば幸いと思い、僕と登生が過ごした弁当にまつわる日々のことをつづりました。

そして、文庫本を出すにあたって新しくコンテンツを加えました。登生のその後のお話と、そしてこの本のイラストを描いている妻・彩加との間に授かった娘のお弁当のお話です。最後まで楽しんで読んでいただけたら幸いです。

461個の弁当は、親父と息子の男の約束。

CONTENTS

まずは、力を入れすぎないこと

3年間弁当を作り続けてわかったことは、これに尽きるかもしれません。例えば、まだ独身だった頃、お弁当といえば、恋人や友人たちと行楽のお供として準備するくらいで、そう頻繁に作るものではありませんでした。大体は特別なイベントの時なんだから、腕によりをかけ、当たり前のように前日から食材の調達や下準備など、手間隙かけて仕込んでいたものです。しかし、学校へ通う息子のお弁当を作るとなると話は変わります。とにかく週5日、毎日のことになるんですから、そうそう毎日豪華なおかずを作るわけにはいきません。限られた時間で、できるだけおいしいお弁当を作るにはどうしたらいいものか。

まずは、3年間にお弁当を作り続けた結果、なんとなく掴んだコツを挙げてみます。

僕も最初の頃は、ずいぶん気合いを入れて作っていたものです。翌日のおかずのリクエストを聞くのはもちろん、少しでも新鮮な食材で作りたいと思い、自然食品店をまめにチェックするなど、いつもお弁当のことで頭がいっぱい。夢中になりすぎることがよくありました。息子からのリアクションも上々で〝おいしかったよ！〟なんて声を聞いてしまうと、苦労も報われて、〝明日もがんばろう！〟という気持ちになったものでした。

弁当を作る時に込めていた思いの中には、毎日違うおかずを食べさせてあげたい、という気持ちも強かった。〝前日の晩ご飯と、翌日の昼食のおかずがカブっていてはつまらないだろうな〟とか〝午後の授業からテンションを上げるには、どんなものがいいんだろう？〟と考え、毎朝一からおかずを仕込んでいました。

でも、おいしいものなんか、何回食べたっておいしいものです。お弁当を作り始めてから1か月ほど経ったある日。晩ご飯を作っている時、コロッケで使う具材を少しだけ多く用意して仕込んで、弁当に使うことを思い付きました。改めて、前日のおかずをお弁当に入れることを、息子へ提案してみると「おいしいんだから、全然いいよ」との返事。以降、晩ご飯を用意する時、煮物や焼き物など、少し多めに仕込んでおいて、翌日調理することが定番になりました。もちろん、調理時間も短くなることで、僕自身も少しだけ長く休むことができるから、ゆとりを持って料理するのが楽しくなっていきましたね。

それから、とにかく好きな物を入れること。栄養面ばかり気にしていると、時にそれほどおいしくもない、自分の好みではない料理になってしまうことがありますよね。そうなってしまうと、作る方も、食べる方も、やっぱりモチベーションが上がらない。結果的にはそれが味に出てしまうこともあるんです。カロリーが高かろうが、少々健康に悪かろうが、好きな物を作るべきだと思います。

うちの場合は、親子揃ってだし巻きの卵焼きが大好物だから、オムライスや、ご飯に錦糸卵がのっていない限り、3年間すべての弁当に入れました。具材もベーシックなものから、地方で仕入れたご当地メニューまで。ひたすら毎日違う具材を投入して、飽きないように作り続けていきました。やっぱり自分が好きな物は、作るのもまた楽しいんですよね。

また、息子が大好きなオクラを使ったおかずも多いですね。中でも、豚肉で巻いたものが好きで、卵焼きに続いて作り続けました。塩こしょうだけでも充分いいんだけど、しょうがシロップで炒めたり、バリエーションがつけられるのもいいんです。

好きなおかずを日々入れられるよう、コストも考えていなければなりません。例えば、肉や魚など、安い時に買い込んでおいて、冷凍保存しておく。豚ロースなら一枚ずつ分けてサランラップで巻いておく。また、弁当のおかずに欠かせない、鮭などの鮮魚類。スーパーでパック売りされている一切れを何等分かしておく。さらに西京漬けなんかの場合は、味噌に漬けた魚を、適当な大きさに切って、お茶のパックに入れて冷凍すると、表面がくっつかず、剥《は》がしやすいのでおすすめです。

息子が小さかった頃、夫婦共働きだったせいもあって、家に帰ると近所の居酒屋でよく晩ご飯を食べました。そのせいもあって、息子の好物は、普通の子供ならイヤがるようなゴーヤやピーマンといった苦いもの。または、とろろ昆布や漬け物のような居酒屋メニューになってしまった。かなり大人びていますね。言い換えれば、酒の肴ばかり食べている、親父の〝渋み〟がうつっている。それは今も変わらず、僕が好きなものを息子も一緒に食べています。本当は〝ぬた〟なんかも弁当に入れてあげたかったんだけど、お弁当から汁が漏れちゃうからNGなんです。

将来太田和彦さんのようないい酒飲みになるんだろうな、と少し楽しみだけど。子供の頃から親の好きな物を一緒に食べるということは、後々便利なことかもしれません。自分の子供が、コンビニやファストフードが好きだったら、一緒に食べる。それも否定はしません。でも、その味が家庭の味、思い出の味になるのは、少し淋しくないかな。だったら、家で作った親の味を食べさせた方がいいんじゃないでしょうか。

もし、食事を作ってくれる人から「今夜、何食べたい？」と聞かれたら、「何でもいい」ではなく、毎日自分の好きなものを言うようにしましょう。そうやって家族の味が受け継がれていくんじゃないかなと思っています。

並行作業をマスターしたら一気に時間を短縮できました

ある日のお弁当づくり

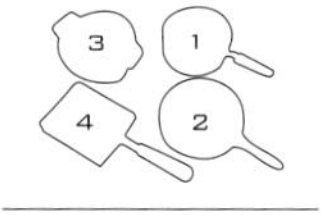

1

オクラの肉巻きは、鍋を強火にかけ、具材を入れたら弱火に。肉の表面に焦げ目が付いたら、火を止め、蓋をして、余熱で蒸し焼きにする。この間、あわせしょうがなどで味を調える。オクラまで火が通らない程度が好ましい。

2

そぼろを作る時に欠かせない、俊美式3連菜箸（合計6本の菜箸を糸でつなぐ）。フライパンを強火にかけ、凍ったままひき肉をのせる。3連菜箸でくっつかないよう、丁寧にいためていく。濃口醤油とあわせしょうがで味を調え完成。

3

湯通し用の鍋。まずは肉巻き用のオクラや、スライスしたにんじんなど野菜類をサッとゆでる。豚や鶏肉、えびなどの魚介類を解凍する時にも使う。朝の弁当準備中はずっと使うので、この位置をキープ。

4

中火〜細火を使い分け、微妙な温度調整で作る卵焼き。焼き上がったらすぐに皿へはあけず、まだ熱の残る卵焼き器の上に置いておいて焦げ目をつける。他の調理をしながら、上下をひっくり返し、万遍なく焦げ目をつける。

弁当箱は重要です

当たり前のようですが、料理は見た目が大切です。どれだけ丹精込めておいしいものを作ったところで、一目見て〝食べたい〟と思わせなければ、もう台無しなんです。それはお弁当にも同じことが言えると思います。しかし、最大の努力を傾けても二段重ねの小さな箱にあれこれ詰めて、きれいだと思わせることはなかなか難しい。

お弁当を作り始めた当初に使っていたのは、よくあるプラスティックのものでした。ご飯とおかずが大体半分ずつ。がんばってもメインのおかずが1種類、卵焼きに副菜を詰めても、おかずは4〜5種類が限界。一度、あさり飯を入れてみたのですが、極端に茶色が強くなってしまった。限界を感じたので、アルミニウムの二段重ねのものに変えたんです。これなら炊き込みご飯を入れた場合でも、おかずの色合いとケンカすることなく、見た目もずいぶんスッキリしました。ところが、ひじきの煮物が続いた後、蓋の裏側が黒く変色していることに気が付きました。よく見ると赤い梅干しの色もついていました。どうやら梅やひじきは発色が強いため、容器に色が移ってしまうそうなんです。ご飯とおかずのきれいな並べ方がわかってきた以上、お弁当箱にもこだわりたい気持ちが出てきました。

納まりがよく、ビジュアルのいい弁当箱はないものか。生活雑貨店を見てまわりましたが、なかなかいいものが見つかりません。

ここ10年ほど、民芸品に興味を持っていて、仕事で地方へ出掛けるたびに、その土地の食事と、民芸品店に行くことを楽しみにしていました。そんな最中に、福岡のお店で、杉の木から作られた曲げわっぱと出会いました。かどが丸くなっていて、形もかわいい。二段重ねの長方形と正方形のものを買い、翌日からさっそく使ってみました。

長方形のものは、やや小さいけど、深さがしっかり取られていて、ご飯もおかずもたっぷり詰められる。一方、正方形の方は広さがあるため、いろいろな食材を入れ、きれいに見せることができる。我が家の弁当のおかずは、だし巻きの卵焼きやオクラの肉巻きなど、弁当箱に深さがあると納まりのいい定番のおかずが多いので、長方形のものを使う頻度が増えました。

また、おからやひじきといった和食の副菜って、プラスティックやアルミの弁当箱に入れてもビジュアル的に合わず、きれいに見えなかったんだけど、曲げわっぱだとすごくおいしそうに見えるんですよね。木製の曲げわっぱ自体、すごく軽いので、息子にも好評でした。曲げわっぱについて調べてみると青森、秋田、長野が産地として有名なんだけど、全国で作られている。もちろんネットの通販などで買うことができますから、お弁当箱を探している人にはすすめています。

これは僕個人の趣味になるのですが、民芸品となるとどうしても原産地で買いたいと思ってしまうんです。地元の福島にも民芸品が多いから、どこか親近感を持っているのかもしれない。農家の方が収穫の終わった冬の時期、畑仕事のかわりに、家に籠もって作るものなんです。日本各地の民芸品を見ていると、原産地の風習が見えてきておもしろい。現物だけ見て、産地を想像するのもいいんだけど、それなら現地で買った方が感慨深いんですよね。

以降は、仕事で地方へ出向くたびに曲げわっぱ探しが始まりました。民芸好きの知り合いからは、能登半島や九州にも小さいながらも曲げわっぱのシーンがあると聞き、ライブに呼ばれる日を心待ちにしていましたね。

結局、息子の弁当を作っている間に5種類の曲げわっぱを買いました。どれも思い出深い。しかし、何事にも始まりがあれば、終わりがくるものです。最後の弁当作りを意識し始めた、2013年の秋頃から、最後はどういう弁当で有終の美を飾るべきか考えだしました。おかずのことはもちろんですが、新しい弁当箱を買うべきか、かなり悩みました。

岡山県岡山市にライブで行った時、以前から僕が民芸好きだと知っていた友人から、松本家具研究所というお店を紹介してもらい、運良く工房へお邪魔することができたんです。いろいろ見せてもらったところ、小判形の小物入れを見つけたんです。それが弁当箱にピッタリで、なんとかカスタムできないか相談したところ、職人さんがおもしろがってくれて、その場で改良案を出してくれました。あれこれアイディアを出すうち、僕にまで鉋《かんな》を入れさせてくれたんです。好きではありますが、職人の聖域に入った気持ちになって、恐縮しましたけど、嬉しかったですね。気に入って、毎日使っていることを知ってくれていたみたいで、昨年のクリスマスに、松本家具研究所から〝弁当に使ってください〟と三段重ねの重箱が届きました。

高校最後の年の2月。いただいた三段の重箱を使って、息子の最後の弁当を作りました。おかずはだし巻きの卵焼きからオクラの肉巻きなど、3年間の集大成的な内容を二段にわたってドーンッと展開しました。若干渋い見た目でしたが、和食中心のおかずを見事にもり立ててくれました。

学校へ行く前、三段重ねの箱を見た息子は「スゲー！　やった！　でも、こんなに食べられるかな……」と、少々怖じ気づいていました。しかし、3年間の有終の美を汚されては困ります。だから、前日の夕食、当日の朝食の量を少し減らし、お腹を空かせた状態で学校へ送り出しました。なんだかんだ言ったって、結局全部食べて帰ってきましたね。

量が少々多くたって、おいしそうに見えたら食べられてしまうものなんですよね。

親子そろって卵焼き好き

人類最後の日、あなたは最後に何を食べるか。

こんな会話が、今日も世界中の飲み屋で繰り返されていることかと思います。僕もよくそんな話をしますが、すっかり大人になった今でも、その答えはひとつだけ。

答えは、ズバリ卵焼きです。

子供の頃、僕はとにかく偏食家だったんです。高校入学当初まで弁当を用意してくれていた姉は栄養面などを考え、いろいろなものを入れてくれましたが、手を替え品を替え、いくら工夫してくれてもまったく手をつけませんでした。業を煮やし、結局は僕の好物だらけの弁当になっていった。中身はウィンナー、エバラ焼肉のたれで炒めた豚肉か牛肉、そして卵焼き。かなり淋しいメニューでしたが、それで大満足でした。

18歳で大学進学のため、上京してからいろいろなものを食べ始めました。料理に興味を持ち始めたのもその時期です。今では、子供の頃がウソだったように、嫌いなものなどなにもありません。お肉料理は年齢のせいもあってか、食べる頻度がグッと減っていますが、卵焼きだけは今でも毎日のように食べ続けているんです。つまり、生まれてから一番多く食べている料理は、卵焼きになる。我ながらビックリするぐらい、まったく飽きないんですよね。

長年にわたり、なぜここまで卵焼きに魅了され続けるのか。いろいろと考えてみましたが、それは僕の凝り性な性格にあるのかもしれません。

ジャケットにはバッジやワッペン、車にはステッカーなど。僕は気に入ったものに必ず一手間加えて楽しんでいます。そうすることで、既製品を買っても、自分のものになった気がするんですよね。それは料理もまたしかり。例えば、豚肉のしょうが焼きやたらの糟《かす》漬けといった、味のイメージが強過ぎるメニューを自分流に改良することは難しい。逆に言えば、間違えないメニューです。しかし、卵焼きは少し違いました。誰もが親しんでいるシンプルな料理だけど、だし巻きからスクランブルといった作り方の種類。さらには、なにか具材を足して、自分の好きな味やスタイルを無限に作り出すことができる。これがカスタム魂に火をつけたのかもしれません。

かつお節と昆布、薄口醤油のだしで作るだし巻き卵。それから、旬のものを具材に入れた卵焼き。アツアツのできたては、大根おろしをそえて酒の肴に。冷えるとグッと塩分が前に出るから、お弁当のおかずに適度です。テーブル上のマルチプレイヤーと言っても過言ではありません。息子が夏休みでお弁当がない時でも、よく作っていましたね。

卵焼きに入れる具材の選択肢は、無限に広がっています。とにかく季節のものは魅力的で、春なら解禁されたばかりの新鮮なしらす、それから青菜。夏場にはパプリカを刻んで入れてもいい。旬の食材をふんだんに入れることで、季節感を出すこともできます。

アイディアは、外食時のメニューの中にも隠れています。ライブで地方を訪れた時、現地のスタッフや主宰者の方と必ず食事へ行くんですが、お店が和食や居酒屋だった場合、大体その場所の名産を使った卵焼きがあるものです。もちろん、どこへ行っても注文する。中でも、最も衝撃を受けたのが、大阪で食べた紅しょうがを使った卵焼き。牛丼や焼きそばに欠かせませんが、あくまでも脇に徹する食材です。しかし、関西ではかき揚げの具材や串揚げには欠かせない。重要な役割を果たす食材として輝いています。大阪の居酒屋さんで、紅しょうが入り卵焼きというメニューを見た瞬間、テンションが高騰しましたね。甘じょっぱさに、みじん切りした紅しょうがの酸味と

〝コリコリ〟という食感が加わっている。もちろん、お酒の肴でしたが、思わずご飯が欲しくなり、おにぎりを頼んだほどです。

こうして各地で食べた卵焼きは、もちろん息子のお弁当にも反映されます。紅しょうがは、即戦力としてレギュラー化。ほかの具材は、なるべく季節の旬なものを心掛けますが、しそや糸三つ葉などの葉ものは一年中買うことができる。便利になりました。また釜揚げしらすも安い時にまとめ買いしておいて、一回分ずつ小分けにして冷凍庫で保存してあります。

作り方も簡単です。一人前ならボウルに卵を2つ割って落とし、三温糖を少々。そこに薄口醤油を入れてかき混ぜ、好きな具材を入れる。

弁当のおかず用に作りだした当初は、スクランブルエッグを作り、きれいに整形したものも入れていたけど、どこか味わいが出ないんですよね。卵焼きの味の基本はケチャップではなく、やっぱりだしや具材だと思う。それで、やっぱり巻いたものがいいんですよね。

息子が1年の夏休み明け、ついに四国高松で銅製の卵焼き器を買ったんです。縦30センチ、横20センチほどの長方形の小さなフライパンなんですが、焼き面と側面が直角になっているため、広がらずにすごく焼きやすいんです。まず、いい感じの焦げ目を付けるためティッシュに油をつけて、薄く塗ります。それから強火で温め、ジャアーッと卵を入れてからは、弱火か火を止めちゃいます。薄く焼いては巻いていく。その繰り返しで出来上がり。調理時間は5分もかからないと思う。

新しい具材を見つけるたび、味は増えていきましたが、それでもやっぱり卵焼きです。毎日弁当に入り、食べ過ぎてイヤにならないかと、多少心配もしました。しかし、ある日、外へ食事に行った時に、僕よりも早く〝卵焼き！〟と注文する姿を見て、少し安心しましたね。

2011.4.14

これが一番最初に作った弁当。東京No.1ソウルセットの音響を担当しているカミヤンから「プチトマトにヘタを付けたままだと雑菌がつくよ!」と注意されました。

卵焼き／マルシンハンバーグ／プチトマト／紅鮭粕漬け焼き／ブロッコリー／ご飯

2011.
5.2

弁当作り初期のもの。「お弁当に何を入れたら喜ぶかな……?」。ただ、そんな想いで作り始めたような気がする。

マルシンハンバーグ／えびとズッキーニのナンプラー炒め／ひじき煮（干ししいたけ、にんじん、れんこん）／大根葉ふりかけ入り卵焼き／さわらの味噌漬け焼き／梅干し／ご飯

2011.5.9

お弁当作りにハマってきた時期で、遠征先の仙台で購入したランチボックス。まだ、クオリティーは低いが意気込みだけは感じられる弁当。

いんげんの肉巻き／ほうれん草とえびのソテー／たけのこ煮／梅ちりめん入り卵焼き／焼きのり／梅干し／ご飯

ふたを
開ける喜びを
究めつづけた
歴代弁当箱

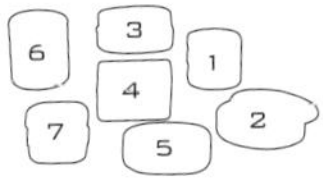

1 〈栗久〉の曲げわっぱ

「秋田〈栗久〉の曲げわっぱ。下の一段目の方が若干深めに作られており、主にご飯を入れるためにできています」。女性は一段目におかず、浅い二段目にご飯を入れがち。しかし、安定感を欠くため、移動中におかずが、ずれてしまうこともあるので注意が必要。

3 〈栗久〉の小判形二段重ねわっぱ

一段目は幅がやや広く、二段目をのせた時の見た目が美しい。さらに、ご飯を入れる容器は湯気を吸う白木仕上げ。おかずを入れる段は色が移らないよう塗装される。「オーダー時、二段目の小さいわっぱをご飯入れにしたいと伝えれば、白木仕上げにしてくれます」

2 俊美モデルの特製弁当箱

岡山県倉敷市にある松本家具研究所で出会った小物入れ。「岡山でのライブ翌日、工房へお邪魔した時のこと。本当は1つの木片からくりぬいた小物入れだけど、弁当箱にできないか、職人さんに相談して、改良することに。僕が自ら鉋を入れて、蓋を少し削りました」

4 福岡の曲げわっぱ

3年前、おいしそうに見える弁当箱を探求する最中に出会った逸品。「旅先では必ず民芸品店へ行くんだけど、一目見た瞬間に運命を感じました。特に工夫も凝らされていないけど、使い込むうちに味わいが出てきて。3年間使い切って、今が最高の見栄えだと思う」

5 長野松野屋の“だえんのやつ”

長野県の松野屋で購入した、渡辺家では珍しい一段仕様の弁当箱。ご飯とおかずの仕切りが動かせるため、ご飯を減らしたかったダイエット期に活躍した。「二段のものに比べると、小さく見えますから。でも、おかずは変わらず、キッチリ入れましたね」

6 松本家具研究所の三段重箱

「毎朝、弁当を作ってインスタグラムにあげていたんだけど、それを見ていてくれた2の松本家具研究所の方が“そろそろ、トーイくんのお弁当終わりですよね? これを使ってください”と送ってくれたんです。2人サイズかなと思ったけど、最後に持たせました」

7 機能美というのも悪くないものです

工房アイザワの二段のランチボックス。「お弁当を作り始めた最初の時期にはかなり活躍した逸品。蓋の内側にシリコンパッキンがついているため、おかずの汁など、まずこぼれない」。わっぱを使いこなす自信のない人は、これもあり。サイズや形のバラエティも豊富。

2011.6.30

この曲げわっぱにしてから実験的になった。「朝早くからすごいクリエイティブなことしているんだぞ!」と、自分に言い聞かせながら作っていた(笑)。

えびとトマトの春巻き／オクラとにんじんの肉巻き／しば漬け／塩鮭／たこと青じそ入り卵焼き／桜えびとししとうの焼き飯

2011.
7.13

故郷、福島県いわき市の名産・長久保のしそ巻、宮城県気仙沼産のかじきまぐろ、岩手県野田村の名産・干し菊。震災復興を願いながら作っていたお弁当。

かじきまぐろの磯辺揚げ／おかひじきとにんじんの肉巻き／赤・黄・緑ピーマンとちりめんじゃこのきんぴら／桜えび入り卵焼き／しば漬け／長久保のしそ巻／干し菊と韓国のりのせ十五穀ご飯／梅干し

2011.9.22

福井の友人から大量に送られてきた甘くておいしいさつま芋「とみつ金時」。ゆでてつぶして冷凍にして保存。ひとつまみの塩を加えたコロッケは、冷めても絶品!

福井産とみつ金時のコロッケ／オクラとにんじんの肉巻き／ゆでブロッコリー／桜肉燻製／しょうが昆布入り卵焼き／塩鮭／野馬追漬／焼きのり／梅干し／ご飯

2011.
9.26

ピーマンの肉詰めは簡単そうなんだけど、ピーマンを焦がさずに詰めた肉にちゃんと火が通る焼き加減が難しい。

ピーマンの肉詰め／鶏むね肉と2色パプリカのスパイシー炒め／オクラ入り卵焼き／ゆでブロッコリー／ぶりの味噌漬け焼き／野馬追漬／大根葉ふりかけ／焼きのり／梅干し／ご飯

2011.10.5

秋の集中スクーリング時のお弁当。長野県上田市に行くので、食べたらすぐ捨てられるよう、竹の皮の箱にしましたが、持って帰って来てくれました。

鶏もも肉の唐揚げ／ゆでブロッコリー／塩鮭焼き／えびと青じそ入り卵焼き／梅の実ひじきのおにぎり

＊秋の集中スクーリングのため長野県上田市に行くので竹の皮の箱に入れました。

2011.
10.20

息子の大好物が盛りだくさんの弁当。朝からテンションを最高潮に持っていかないとこのような弁当はできない(笑)。故郷・福島の相馬かぶと漬がうまい。

ししとうのゆずこしょう入り鶏むねひき肉詰め／ゆでブロッコリー／オクラとにんじんの肉巻き／えびと3色ピーマンのオイスターソース炒め／じゃこ天スティック入り卵焼き／相馬かぶと漬／さごし味噌漬け焼／焼きのり／五目ご飯

2012.
1.18

当時、晩酌の定番だった餃子の皮・チーズ揚げ。餃子の皮というのは意外と日持ちしないので、前の晩に余ったものを使い、おかずにしてみました。

餃子の皮のチーズ揚げ／オクラとにんじんの肉巻き／ごぼうとにんじんとれんこんのきんぴら／桜えびとターサイ入り卵焼き／焼きのり／塩鮭焼き／えびピラフ

2012.
1.20

パスタは僕の得意分野の料理。将来パスタ屋さんを出したいぐらいだ。お弁当にえびを入れると、息子のテンションが上がる様子が、手に取るようにわかる。

オクラとにんじんの肉巻き／ほうれん草のごま和え／塩鮭焼き／ちりめんじゃこ入り卵焼きののり巻き／パスタ（えび、トマト、ししとう、赤ピーマン、にんにく、バジル）／白えびふりかけ／かつお梅／ご飯

2012.2.10

「これでいいのだろうか?! いや、いいんだ! いや、ちょっと待てよ……」と、自分と対話しながら作るお弁当。たまに、こんなのができます。

豚バラのにんにく焼き／ゆでブロッコリー／菜の花のからし和え／ぶりの塩麹漬け焼き／オムライス(えびと3色ピーマンの焼飯)／パセリ／梅干し

2012.
2.28

静岡に行った時、特産の芽キャベツに出会った。ビタミン豊富で栄養満点の芽キャベツは弁当にピッタリ！

いんげんとにんじんの肉巻き／芽キャベツのおかか醤油和え／塩麹プチトマト／えびとセロリ入り卵焼き／焼き明太子／梅の実ひじき／大根葉ふりかけご飯

彩りは3原色

開けた瞬間、子供が喜ぶような弁当。ご飯をおいしそうに見せるために、必要なものは何でしょう。

実際に通っているお店に行き、好物を並べてみて、あれこれ考えたことがあります。食欲をあおる香りや、思わず手が出そうになる盛りつけ。料理に合ったお皿やグラスなど。もちろんいろいろなポイントがあります。しかし、料理自体に目を落としてみると、共通点は意外とシンプルなものでした。どれも3色以上の食材を使っていることと。赤、緑、黄という信号と同じ3色です。

家で料理する時も、この3原色を意識して作っています。しかし、お弁当となると、使う食材が制限されるから難しいんですよね。

例えば、お弁当で赤いものとなると、やっぱり梅干しになるのかな。白いご飯にのっているだけでなんだか安心するし、酸味の成分がいたみを防ぐ効果になるともいわれているから、夏には欠かせないものですよね。しかし「今日はのり弁だ！」や「たまにはオムライスでも」という時にはハマりません。

そういう時には別の食材を使って色を出します。我が家では赤ピーマンがさまざまなかたちで使われます。息子が好きなのは、3色ピーマンとひじきのごま油炒め。水で戻したひじきと3色ピーマンを炒めるだけ。これが香ばしくて、ご飯によく合います。

オクラの肉巻きににんじんを加えるのもきれいです。ピーラーで薄くスライスして、オクラに巻き、その上に豚肉スライスを巻いて焼きます。これを輪切りにすると、緑と赤のきれいな星形が表れる。

それから、意外なところでえびがいい役割を果たしてくれる。息子の好物なので、各スーパーの冷凍ボイルものを買ってきて、食べ比べてみたんです。中でも、うちの近所のスーパー、オーケーストアのものは、温めるときれいに真っ赤になるんです。たとえるなら、ミニトマトくらいの赤さかな。赤が足りないと思った時は、ぜひ使ってみることをおすすめします。

緑というとやっぱり青菜類などの野菜になると思います。なにかと脇に徹することが多いけどいい仕事をする、欠かせないメンバーという感じですかね。ブロッコリーは塩ゆでしている時、鍋にお酢を少し垂らすと、すごくきれいな緑色になってあがってきます。発色が強く、パッと鮮やかだから、揚げ物や焼肉といった〝茶色系〟と並べても引けを取らない。

さやいんげんもバイプレイヤーとして活躍するので、常に野菜庫にストックしてある感じです。そぼろと錦糸卵とさやえんどうのご飯は定番。さやいんげんもさやえんどうも、のり巻きの具材にしたり。お米と合わせることができる緑のものというのも珍しいかもしれない。ピーマンは肉詰めにして焼いたり、ごま油で炒めたりもしますが、歯ごたえを楽しんでもらいたいから、ほとんど生の状態で入れることが多いんですよ。よく嫌いな野菜に入っているけど、うちでは普通にベスト5に入るくらい使っていますね。

卵焼きは、ほとんど毎日弁当に入れていました。だから、ほかに黄色のおかずはいらないんですよね。錦糸卵とオムライス、ゆで卵が何回かあるくらい。卵の料理は数多いんだけど、うちはだし巻きが好き過ぎてほかのバリエーションがないくらい。目玉焼きや卵とじなどは、なぜか人気がない。

赤、青、黄色の配列も意外と大事です。

ご飯とおかずが別々になる二段の弁当箱の場合、おかずを詰め込む時、一色ずつ固めて入れていく。卵焼きの黄色は、大体ひとまとまりになるから別々にしようがないんだけど、緑のものは炒め物に入ったりもするので、バラバラになりがち。色が散らばってしまったと感じた時は、真ん中にミニトマトをひとつ置いてみると、なぜか全体がまとまって見えます。

焼き魚を入れる場合は、なるべくご飯の上にのりやしそ、とろろ昆布などを敷いて入れる。鮭などの場合は発色がいいから、梅干しとケンカしがちです。そういう場合、梅干しははちみつ漬けなど、薄い色合いのものがいいかな。これは最初から狙ったわけではなく、3年分の写真を整理していて気が付いたことです。作っていくうちに自然と法則ができていくんですよね。

それから卵焼きとは正反対に、うちでは決して弁当に入れないものがあります。それはフルーツです。弁当のレシピ本などをみるとシロップまみれの缶詰めのみかんがおかずカップに入れられ、平然とハンバーグと並べられていることがあります。しょっぱい物の横に、甘い物があるなんて。転んだりしておかず同士が混ざったら、一体どうするつもりなんでしょうか。

上っ面だけキレイに取り繕った料理をすすめるレシピ本では〝パイナップルやキウイなど、フルーツ類は彩りを添えるために便利〟だとか紹介されていますが、そんなものは大きなお世話です。
新しい渡辺家の家訓にしようと考えています。

食材の旬を伝えたい

僕の年齢くらいが、ギリギリ食べ物で季節を感じる世代なのかもしれません。八百屋さんの店頭にたけのこや青い葉ものが並んでいるのを見ると、やっと冬物のコートやジャケットから解放されたような気分になり、賑やかな色合いのトマトやきゅうり、パプリカを食べれば、息子の夏休みとロックフェスのスケジュールを考えだす。Tシャツに薄手のアウターを羽織る頃、遭遇したまつたけを衝動買いして、翌日から食事の予算を切り詰める。大根や白菜が気になり始めたら、鍋の時に使う小さなコンロのガスボンベを取り替えるため、生活雑貨店にダッシュする。

今は便利になったもので、サラダにトマトや大根が一年中入っているから、食べ物を見て、四季を感じるなんて珍しいことかもしれません。

でも、やっぱり旬のものというのは安くてうまい、なにより食べると元気になる。弁当を作るにしても、食材の単価をまちがえるとコストパフォーマンスがすごく悪い。

ビニールハウスで育てられた野菜にお世話になることも多いけど、作られる過程で経費がかかるし、とれる量も限られている。海外から輸入されるものだってあるんだから、それは当然高くつきますよ。冷凍保存されたものだって同じです。それなら四季の訪れと一緒に芽吹き、たくさん収穫されるものの方が、安くておいしいのは当たり前の話だし、栄養価だって高い。旬の食材を意識して献立を考えるのは、それが一番の理由です。

春は旬の食材がたくさんあります。でも、今では青菜類は一年中作られているので買うことができますが、芽キャベツというのは、春先にしか見かけないもののひとつです。直火で軽くあぶり、塩をつけてそのまま食べたり、スープの具材なんかにもいいですね。小さいのに、主張の強い独特の甘みが最高だし、使い勝手もいいから、八百屋さんの店頭で出会った瞬間、大量に買い込みます。もちろん、弁当のおかずにバッチリ、大体はおひたしにします。

朝起きたら、芽キャベツを軽く塩ゆでし、かつお節と薄口醤油のだしに漬けておく。ポイントは、だしを少し薄口にして、漬ける時間を短くすること。そうすると芽キャベツの甘味が前に出る。長時間漬けない分、ゆっくり味が染み込んでいきます。そうすると、お昼くらいには、まだシャキシャキした歯ごたえも残っているし、味も染みている。春の人気メニューですね。

また、春と秋はしらす漁が解禁される時期。これも今は冷凍ものを年中買うことができますが、やはりとれたての味は、パンチが効いています。とれたてのものを和歌山の知り合いが送ってくれます。釜揚げしらすは、ドーンとご飯にのせてしまってもいい。

それから、定番としては、しそと一緒に、だし巻き卵の具材にしますね。とれたてのものを使う時は、想像以上にしらす自体の塩っ気と、独特の甘みが出まくるんです。そんな時は、だしを薄くします。少しさっぱりした味付けになるからしそを入れるんです。とにかく元気のある味なので、下手をすると、卵の存在感が薄くなってしまうほど。焼きたてはもちろんおいしいけど、冷めてもそのパンチ力は損なわれないんです。息子は「卵焼きだけでご飯何杯でも食べられる」と言っていましたね。

夏になると鮮やかで発色のいい野菜が並びます。秋冬はなにかと弁当の中身が茶色っぽくなりがち。しかし、夏はトマトやきゅうり、赤や緑のピーマンなど、野菜の彩りが豊かなので、あんまり悩む必要がないんですよね。中でも、一番夏を感じるのがゴーヤ。沖縄以外だと、店頭に並ぶのは、暑い季節だけだと思います。炒めても色合いが損なわれないので、弁当に入れてもきれいです。ゴーヤチャンプルーだとだし巻き卵とかぶってしまうから、弁当にはゴーヤとえびをごま油で炒めたもの。またはおひたしにして、かつお節をまぶしたのもいいな。

ゴーヤやピーマンなど、夏の野菜というのは中に種が入っていて、苦みがある。結構苦手な子供が多いんだけど、うちの息子は大好物みたいだから、本当によかったと思います。真っ二つに切って、種を取っている時、なんか夏を感じてテンションが上がるんですよね。

最後に、旬のもので一番思い出に残っているのが空豆です。八百屋さんの軒先に並んでいるのを見つけて、晩ご飯のおかずにもいいし、残ったら晩酌のアテにしようと買い込みました。夏の日差しを存分に浴びて、ブリッブリに肥えて育った空豆は、噛めば噛むほど味が出て本当においしかった。晩ご飯はゆでてそのまま食べたので、翌日の弁当には空豆の炊き込みご飯にしたんです。

ところが、帰ってきた息子が開口一番「もう空豆はやめて」と言い放ったのです。理由を聞いてみると、木製のわっぱの中で空豆が蒸れだし、弁当の蓋を開けた時、結構キツいにおいを放ったと言うのです。息子の立場を思えば申し訳ない話ですが、教室内で「なんか臭くない？」とか言いながら、悪臭の元を探す子供たちの姿を想像すると、なんだか微笑ましくて、思わず笑ってしまいました。

これが3年間、弁当を作り続けて、唯一のNG弁当になりました。なんだか、空豆を見るたびに思い出す、ほろ苦くも少し笑える思い出です。

味の三原則

僕が小学校にあがった頃というのは、冷凍食品が全国的に広がり始めた時期だったと思います。地元の町にはハンバーガーショップなんてなかったけど、田舎のスーパーでも、都会で売っているものと変わらない冷凍食品や食材が入ってきた時期だと思います。給食も和食から洋食のメニューが増えて、食事全体の味や質が変わっていった時期ですね。

料理や食材と共に、調味料も変化していった時期じゃないかな。今の食環境と同じように、防腐剤を入れた、日持ちするものが増えたと思います。あまりいろいろなものを食べたことがなく、自分の好みも定まっていない子供というのは、刺激的な味に魅かれるから、僕も次から次に登場するケミカルな食材に取り憑かれていったわけです。

また、テレビでやっていたエバラ焼肉のたれのコマーシャルとか、最高にそそるんですよね。頼んでは買ってもらっていました。焼肉のたれを筆頭に、ハンバーグにはケチャップ、トンカツや揚げ物にウスターソース。もうドボドボかけて食べていましたね。料理よりも、むしろ調味料の味の方が好きなくらいだった。

そんな時代に育ったから、化学調味料というものに抵抗はありません。市販のケチャップなんか、トマトの味はもちろん、おそらくうま味成分まで入っているんだから、便利といえば便利です。もちろん、弁当を作る上でも重宝しますよね。

例えば、唐揚げなんかは、だしに漬け込んで下味を付けるのが一番の手間だけど、市販の唐揚げ粉をまぶして、サッと揚げればいいから、時間をかけて作らなくても済んじゃう。

僕も弁当を作り始めた頃、ハンバーグなんかは、バッとケチャップをかければいいと思っていました。でも、そんな風に作ったおかずを食べてみたんだけど、正直あんまりおいしくなかったんですよね。

もちろんマズくはないんだけど、全部調味料の味になっちゃって、味に深みがなかったんだと思う。それに、揚げ物にソースをかけてしまうと、食べる頃には衣がベチャベチャになって見た目も悪くなる。

それなら、料理自体にきちんと味付けした方が、味に階層が生まれると思ったんです。以降、弁当を作る時はちゃんと下味を付けて、おかずにはあまり調味料をかけないようにしてみたんです。

しかし、弁当のおかずに下味を付けるというのは注意が必要です。料理は冷めると一気に塩分が前に出てきてしょっぱくなる。だから、薄口で作ることを心掛けました。味見する時、少し薄いと感じるくらいが丁度いい。弁当を開けるお昼頃には、いい具合の味になっていますから。

下味を付ける時に使う調味料の基本は塩と醤油、味噌。昔ながらのシンプルなものを選んでいます。

毎日のおかず作りを振り返ってみても、やっぱり塩は欠かせません。野菜から肉や魚介類まで、なんでもいったん湯通しするんだけど、鍋にひとつまみほど塩を入れます。

青菜や糸三つ葉などの青野菜は、卵焼きの具材として、また肉と炒める時でも、ちょっとだけ塩をひとつまみ入れたお湯にくぐらせる。その方がしゃきしゃき感や色もきれいに残る。味付けはこれだけで充分です。野菜が終わったら、同じ鍋で冷凍保存しておいた肉や魚も湯通しする。電子レンジで解凍するよりも、塩の入ったお湯で湯通しした方が、臭みが取れるんですよね。

我が家の弁当に欠かせないのが卵焼き。そこで重要なのは、薄口醤油です。だし巻きの場合は、かつお節と昆布と一緒にだしを取ります。薄口醤油って、実は普通の醤油よりも塩分が濃いので、入れ過ぎて卵の甘さが出なくなってしまっては台無しです。醤油の量には細心の注意を払っています。同じく混ぜご飯の時も、醤油の使い過ぎは厳禁。中でも、あさり飯やたこ飯の時は、海鮮もの自体の風味や塩分が強いので、醤油の量はご飯にうっすら色がつく程度でいい。磯の臭みを取る程度と考えた方がいいかな。

それから味噌が一番活躍するのが西京焼きの時。魚の味が強いので、ここでは西京味噌が主役です。みりんと日本酒で溶いて漬け床を作り、魚を一晩漬けて、翌朝焼きますね。お弁当に入れる魚のサイズは、スーパーで売っている切り身の、大体3等分ぐらい。余った漬け床の魚は、お茶っ葉を入れる紙パックに入れて冷凍しておくと便利ですね。

僕が生まれ育った福島の料理に使われている味噌や醤油といった調味料は、とにかく濃厚でしょっぱいものが多かったんです。雪国だから保存食として日持ちするように、たくさん塩と砂糖を入れるんですよね。子供の頃はまだ、手作りの味噌や醤油が多かったと思うから、振り返ってみると、今より健康的なものだったのかもしれません。

これまで弁当に使ってきた調味料は薄口にしていたけど、今度は故郷の濃口の醤油や味噌に趣向をこらして、なにか特別なおかずを作ってみたいと考えています。

2012.3.1

息子が大好きなしょうが焼き。初春はまだ寒いので、体が温まるよう、いつもより多めのしょうがを入れた。福岡で購入した色・味・香りが完璧な梅の実ひじきがうまい。

豚ロースとししとうのしょうが焼き／ゆでブロッコリー／プチトマト／塩鮭焼き／桜えびちりめん入り卵焼き／きのこの混ぜご飯／梅の実ひじき

2012.
3.7

鶏むね肉にごまをまぶして揚げました。ごまの香りで、味付けが濃厚になったので、オクラを肉巻きではなく、キャベツの塩昆布和えに入れました。

鶏むね肉のごま揚げ／プチトマト／キャベツとオクラの塩昆布和え／野沢菜ちりめん入り卵焼き／塩鮭焼き／焼きのり／菜の花ご飯／梅干し

2012.
4.12

京都で彩り湯葉を買って家に帰ると、新潟の友人から「弁当に使ってほしい」と女池菜《めいけな》が届いていた。翌朝お弁当を作る時、なんだかワクワクした。

菜の花の肉巻き／えびと3色ピーマンのオイスターソース炒め／女池菜のおひたし／野沢菜ちりめん入り卵焼き／塩鮭焼き／焼きのり／彩り湯葉／梅干し／ご飯

2012.
4.19

息子が食べたいと思うような弁当を作ってきたが、最終的には自分が食べたいと思うような弁当になってきた。

アスパラガスとにんじんの肉巻き／ゆでブロッコリー／ミニ・フルーツトマト／かぼちゃ煮／さわらの西京焼き／鶏そぼろご飯（鶏ももひき肉、いんげん、錦糸卵、紅しょうが）／梅干し

2012.5.11

唯一不評だった空豆ご飯。高知から送られてきた初がつおは、さすがに生のまま弁当に入れられないので、にんにく醤油で一晩漬けて竜田揚げにしました。

初がつおの竜田揚げ／オクラとにんじんの肉巻き／ブロッコリーとプチトマトの塩麹和え／えびと青じそ入り卵焼き／クレソンのおひたし／空豆ご飯／梅カリカリ漬け

弁当に
欠かせない
ご飯の彩り

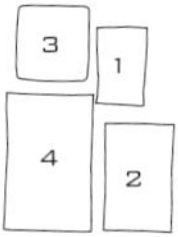

3 ご家庭用南高梅の梅干 味梅

紀州・和歌山の梅干し。はちみつ入りのもので、酸っぱさと甘さが口の中で同居する。「粒が大きいから、これだけでご飯1杯分とかいけちゃいます。和歌山の知人に送ってもらいつつ、通販でも購入しています」

ご家庭用南高梅の梅干 味梅
450g 3200円。
紀州みなべのてらがき農園
☎ 0120-72-5105

1 金ごま いりごま

秋の稲穂のような、鮮やかな色合いのごま。煎ってあるため香りも芳醇。弁当箱を開けた瞬間、その見た目と香りで食欲をそそる。「たまらないんですよね。ごま和えに使うより、これはストレートにご飯へ」

金ごま いりごま 75g 324円。
金ごま本舗 ☎ 0120-491-070

4 日本人ならたまらない。漁師飯

かつお節や昆布、めかぶなど、絶妙に配合したふりかけ。「ずいぶん使いましたね。朝弁当を作っている時、“昼ごろ、シナっとなったらおいしそうだなぁ”と思いながら。温かいご飯、お茶漬けにもいいですね」

日本人ならたまらない。漁師飯 55g
648円。大一商事 ☎ 018-832-8388

2 上黒とろろ

富山の〈道の駅〉で出会った、とろろ昆布のおにぎりに衝撃を受け、お土産として〈上黒とろろ〉を購入。「のりの代わりにご飯に敷き、その上に焼き魚をのせていましたね。3年生後半の定番になりました」

上黒とろろ 65g 432円
四十物昆布 ☎ 0765-57-0321

渡辺家の味を決めている8つの調味料

ゆずの村のぽん酢しょうゆ

酸いも甘いもくぐり抜け、初めてわかるポン酢の魅力。「子供の頃から息子が大好きなんです。鍋とか、昔からポン酢。最近はオクラの肉巻きを焼き、余熱の状態に、風味付けのため、少しだけかけてますね」

ぽん酢しょうゆ ゆずの村 500ml、620円
馬路村 産直ショッピング ☎ 0120-559-659

丁子屋のうすくち醤油

煮物や焼き物、卵焼きまで。薄口を使うには理由がある。「普通の醤油だと、弁当全体の色が、茶色っぽくなってしまう。彩り優先で、塩分濃度は高いけど、薄口を使っています。だから、入れ過ぎには注意」

丁子屋のうすくち醤油500ml、560円
丁子屋 ☎ 0120-532-713

昔ながらの純米本みりん

煮物に照りを与え、柔らかくするみりん。やはり渡辺家にも欠かせない。「同じ酒類だから、煮物に日本酒を使ったんだけど、なんか足りない気がしましたね。控えめだけど、確実にいい仕事をする存在」

昔ながらの純米本みりん 400ml オープン価格　キング醸造 ☎ 079-495-3986

日本酒 赤城山

料理用酒もいいけど、余った日本酒を使うことが多い。「料理に使うにはもったいないものもありますけど（笑）。用途はいろいろですが、混ぜご飯に入れると、炊き上がった時のツヤや風味が違うんですよ」

男の酒 赤城山 300ml、398円
近藤酒造 ☎ 0277-72-2221

紅玉梅酢

天日と平釜で作る伝統海塩〈海の精〉と有機栽培の梅としそから作られる紅玉梅酢。「前から〈海の精〉は使っていました。浅漬けのもとの代わりにしてもいいし、炒め物にかけても味にアクセントになっていい」

紅玉梅酢 200ml、529円
海の精株式会社 ☎ 03-3227-5601

吉平の土佐あわせしょうが

「高知へ行った際、お土産でもらったしょうがシロップ。試しに使ってみたところ大ヒット」。今ではお取り寄せして、家に常備されている。シロップだから卵焼きに入れることで砂糖も使わずに済む。

吉平の土佐あわせしょうが 360ml、1620円　吉平商店 ☎ 0889-43-0107

クルルマークの三温糖

上白糖やグラニュー糖では、甘みが出過ぎてしまうため、渡辺家の料理の基本は三温糖。「いろいろ試しましたが、卵焼きに入れるのはこれがベストでした。煮物にもいいから、三温糖を一番使うかな」

クルルマークの三温糖 1kg、オープン価格
伊藤忠製糖株式会社 ☎ 0120-461-310

田野屋 塩二郎の塩

高知県の田野海岸で生まれた男の塩。黒のほか、肉用のピンクも。「噂を聞いて使ってみたんだけど、本当に濃厚な味わい。食材を選ばないと、塩の食感の方が強くなっちゃう場合もあるので気をつけないと」

田野屋 塩二郎 100g、1220円
☎ 0887-38-2028

1 はちみつ

スーパーで買えるものから、地方のお土産まで。はちみつに凝った時期もあったそう。「一時うちでブームだった頃には、砂糖の代わりに、卵焼きにも入れていました。さつま芋の煮物には、いまでも普通に入れています。高いものもいいんだけど、まずは普通に売っているものでいいと思います」

味付けに転用できるすぐれもの

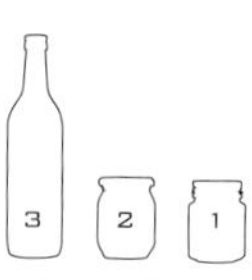

3 無添加ワイン

日本酒やみりんの代わりに使われているワイン。照り焼き料理に、無添加の使いかけたワインを使うと味が丸くなり、醤油の風味とケンカにならないそう。「ちょっとだけ洋風になるというか、おもしろい味になる。コンビニなどで買えるキャップのもので充分。使いかけの酸化したワインも料理にはピッタリ」

2 ゆずジャム

照り焼き料理の定番になっているジャム。「ゆずを大量に送ってもらったことがあって、自分で調べながら作ってみたんですよね。それがおいしかったので、冬の時期に大量に仕込んで、保存しておきます。毎日使っても6月くらいまではもつのかな。ジャムがなくなると、夏が始まる気分になりますね」

息子のお気に入り

ナンプラー

漢字で書くと“魚醤”。魚を塩で漬け込み、発酵されて出てきた液体。これが普通の香りのハズはないんですが。「息子がタイから買ってきた時、我ながら自分と息子が歩んだ道は間違えてなかったな、と思いました。珍しい味に臆せず、食べること。これは新しい味の世界へ入る第一歩だと思う」

オイスターソース

食卓での料理では豪快に使った方がいいオイスターソース。原料にはカキが使われ、塩分が濃いため、弁当に使う時には量を抑えることが必要。「息子が好きなのは充分わかっているけど、もう本当にサラっと入れる程度。においもキツいから、香り付けというところですかね」

2012.5.14

枝豆が大好きな息子。小学校の時、夏休みの自由研究で、日本各地から枝豆を取り寄せ「枝豆の味くらべ」を一緒にやった。バカな親子だ(笑)。

オクラとにんじんの肉巻き／鶏つくねのブロッコリー絡め焼き／プチトマト／ジャガイモサラダ／えびと青じそ入り卵焼き／さわらの西京焼き／焼きのり／枝豆ご飯／梅干し

2012.
5.17

細かく切ったピーマン入り卵焼きは香りが良くホントにうまい。この日はにんにく醤油漬けのゆで卵も入れて卵の競演!

新じゃが芋と鶏むね肉のさっぱり煮/ゆでブロッコリー/赤・緑のピーマン入り卵焼き/塩鮭焼き/焼きのり/にんにく醤油漬けゆで卵/空豆ご飯/梅干し

2012.
5.23

朝起きて何を作るか考える。冷蔵庫を開ける。野菜がたくさんある。すると、こんな感じの弁当になる。

アスパラガスとにんじんの肉巻き／ゆでブロッコリー／プチトマト／ミニチンゲン菜とえびの塩炒め／しらす干し入り卵焼き／三色ご飯（かつおそぼろ、味付け絹さや、錦糸卵）／梅干し

2012.
6.11

小さな弁当箱にたくさんのおかずを盛りつけするのは難しい。でも、このようにうまくできた時は自分を褒める。悩みながら楽しむ。だから面白いのだ。

砂肝醤油麹漬け焼き／オクラとにんじんの肉巻き／ふし麺のハムときゅうりのサラダ／ゆでブロッコリー／プチトマト／しそわかめ入り卵焼き／塩鮭焼き／梅ちりめん／ご飯

2012.
6.29

ダイエット中のお弁当。いつもより量が多いにんじんが華やかにしています。

オクラとにんじんの肉巻き／ゆでブロッコリー／プチトマト／きんぴらごぼう／塩鮭焼き／しそわかめと糸三つ葉入り卵焼き／十二品目の梅ちりめん／梅干し／ご飯

愛用の調味料のはなし

おからやひじきなど、食材の話をすれば健康的に聞こえますが、なにかとベテランの酒飲みのような副菜を好むうちの息子、調味料の好みもまた渋いんです。小学生の頃、居酒屋で食べた〝ぬた〟を気に入って、酢みその味を覚えてからというもの、たこやいかには自らあえるようになりましたね。それから、ゆずこしょうにハマった時期もあり、うどんや煮物にそえていました。

弁当のメインになるおかずの味付けも、ちょっと大人向けかもしれません。弁当のおかずで息子がベストに挙げるえびと3色ピーマンの炒め物は、最後にオイスターソースで味付けをします。中華料理などによく使われるものですが、これを熱心に推す高校生というのも珍しいかもしれない。カキのうま味成分といったら、とにかくコクが強いので、入れ過ぎないように注意しています。しかし、どうやら息子としては濃い方が好みらしい。確かに、濃厚な味の方が、白いご飯がすすみますから、たまらないのかもしれません。すごくいいことだと思うんだけど、あまり入れ過ぎると弁当の全体のハーモニーが崩れてしまうので、少し抑えめにしています。

　地方で買ってきた調味料の中にも、ヒットアイテムは多いですね。最近、アタリが多いのが高知県産のものです。まずは、しょうがのシロップ〈吉平の土佐あわせしょうが〉。卵焼きや煮物には、砂糖の代わりに入れています。また、ポン酢の頻度も上がっていました。塩こしょうのみの味付けだったオクラの肉巻きにも、炒め終わったら、最後に余熱でサッとポン酢をからめて。こうして新しい調味料が、若干マンネリ気味だった味に、新しい魅力を与えてくれる。

　さらに高知産のものには、天日干しで作られた〈塩二郎《えんじろう》〉の天然塩があります。とにかく味わい深くて、塩小さじ一杯で作るおかずなど、〈塩二郎〉なら半分くらいで済んでしまうくらい。ミネラル成分が高いと言われても、いまいちなんのことだかピンときませんが、これはサラダなどにかけるとハッキリします。普通の食塩だと野菜の水分で溶けてしまいますが、〈塩二郎〉は粒が大きく、噛むとジャリッジャリッという歯ごたえと、磯の風味がしてくる。すごく複雑な味わいで、〈塩二郎〉の味を知ってからあまりドレッシングを使わなくなったほどです。

　間違いなくおいしい調味料というのは頼りになるものです。肉や魚、野菜など、なるべく多くの食材を使って、彩り鮮やかに、栄養のバランスを心掛けています。でも、1食300円という予算があるから、何でも買えるわけではありません。冷凍しておいた食材など、とれたての新鮮なものに比べれば、やっぱり味は落ちてしまう。そんな時は調味料が頼りになったりもするんです。

しかし、どんなに頼りにしていても、うっかり切らせてしまうことだってあります。そんな時に使ってみたら、意外とおいしくって、代用レギュラーの調味料があります。

ある朝、鶏肉の照り焼きを作ろうと思ったら、日本酒とみりんがなかったことに気付いたんです。「やっちゃった！」と思って、冷蔵庫を開けた時、いただきものの無添加白ワイン、それからなぜかゆずジャムが目に留まりました。ジャムをワインで溶き、少し醤油を足して肉の表面に塗りました。失敗したら自分で食べればいいやと思って焼いてみたところ、ワインの風味が香ばしく、ゆずの酸味がほどよく肉を柔らかくしていました。西洋風の照り焼きとでも言えばいいんでしょうか、もう大成功でしたね。ワインに関しては、この後も赤ワインを煮物などに入れたり、味のアクセントに重宝しましたね。

また、これだけ卵焼きが好きな親子にもかかわらず、卵を切らしたことがあります。

確かその時は忙しくて、買い物へ行っている時間がなかったと思うんだけど、これは痛恨のミスとしか言いようがありません。冷凍してある保存食材の中から、鶏のささみフライを作ろうと思ったんだけど、揚げ物のつなぎに必要な卵がない。そこで代用したのがマヨネーズです。水で溶き、ささみをしばらく漬けてみました。マヨネーズは黄身とお酢で作る。これが鶏肉を柔らかくして、普段よりおいしく作ることができたんです。代用品が功を奏した時ほどインパクトが強いので、今ではすっかりレギュラー化しているものも多くあります。

失敗からの発見なんて、偉そうに言えたものではありませんが、味の向上はそんな経験から生まれることも多いんですよね。

料理道具はピンからキリまで

最初に毎日弁当を作るコツとして、「あまり力を入れすぎないこと」と書きました。そこには、作る相手のことばかりを重んじないように、という意味も含んでいます。まずは、自分自身が楽しんで作らなければ、何年も続かないものなんですよね。

まず、僕はなにかを始めようと決めた時、道具を揃えることから考えてしまいがちなんです。料理なら、調理用具やキッチンまわりのコーナーのものになじみがなくても、スチール製のペティナイフやS・M・Lサイズが揃った鍋などを見ているうち、なんだか欲しくなってきて、必要がなくてもついつい手を出しそうになっちゃう。男には、どこかコレクター気質があるというか、なんでもかんでも集めて、並べることでテンションやモチベーションを上げる性質があるんですよね。

弁当作りを続ける上では、確かに必要なポイントではあります。でも、レジに並んでいる時に、次のことを思い出すようにしています。「手に持っている商品って、確かに便利だけど家のキッチンにあるものじゃない？」。また「料理を始めたばかりなのに、何万円もする包丁とか本当に必要？」。

息子の弁当を作り始める時、必要のない調理器具を買ったことがありました。結果的にほとんど使わなかったんですけどね。

基本的な道具なんて、大体は家にあるものです。それに、切りにくくなった包丁やナイフなどは、砥石なんかなくても、陶器の茶碗やお皿の底で研げば十分使えるんです。

でも、細かいことばかり考えていては、テンションが上がらないというのもよくわかります。そこでおすすめしたいのが、百円均一ショップです。お洒落なショップにある、いわゆる〝やる気にさせるディスプレイ〟などありません。しかし、できるだけ大型の店舗へ行ってみてください。充実のラインナップが出迎えてくれます。包丁からまな板、鍋釜やフライパンなど、大小サイズも揃っていて、全部百円だから買ったって大した額にはなりません。戦利品を抱えた時に、きっと男のコレクター魂も満足させてくれるハズです。

これから料理を始めようという人なら、すべてを〝百均〟で揃えてもいいくらいです。

無駄に高い道具を揃えるなら、一食分のコストにあてた方がいいということです！　例えば、1万円もする鍋ならビジュアルも利便性もいいハズ。しかし、初心者にとっては宝の持ち腐れ。それならばまず百均で鍋を3つ買って使い倒してから、高いものを買うことをおすすめします。1万円と300円、その差額で一体何食分作れると思いますか？　冷静に考えると、結構間違った判断はしないかもしれません。

うちにも弁当を作り始めた時に百均で買って、ずっと使っているものがあります。ねぎやのりなどを切る時に使うキッチンばさみです。それまで包丁でねぎを刻んでいたけど、このはさみの登場は画期的でした。後片付けも楽になりましたからね。サビがまわり、切りにくくなったので、何度か買い替えたくらいです。

それから、百均で買ったものをカスタムすることもおすすめしたい。持ち手の上の部分に穴が開けられ、糸でつながれている菜箸がありますよね。あれを3セットほど用意して、いったん全部糸を切って別々にします。それから、その6本を改めて糸でつなぎ直す。6本がワンセットになった菜箸は、そぼろ用の豚肉を、固まらずバラバラに炒めることができるので重宝します。僕も教えてもらって実践していますが、凍ったまま固まった肉を、見事バラしてくれます。

経験を重ねるうちに、必要な道具が見えてくるハズ。それで初めて、長く使えるいいものを買えばいいと思うんです。

よく「包丁はいいものを使え」と言われていますが、僕の場合もそうでした。長年使っていた包丁に見切りをつけ、京都〈有次《ありつぐ》〉のペティナイフを買ったんです。今まで使っていたものだと、トマトを薄切りにした時など、切る時に包丁から圧が加わり、中身が出てきて失敗することも多かった。でも、このナイフなら刃先を入れ、手前に引いた途端に切れています。その繊細な刃先と抜群の切れ味から、耳を澄ますと〝スゥー〟と音でも聞こえてきそう。また、先端が細いので魚をおろす時なんかにも重宝していますね。

それから、柳宗理のボウルです。大きいものと、中くらいのもの、1年前に思い切って買いました。小に浅漬け、中は魚を漬けて、大でつくねをこねる。朝からフル活用です。2つ並べても、うちの調理台にぴったりハマるサイズ。ちょっと言い訳がましくなりましたけど、これは完全にルックスで買いましたね。

良質なものというのは、切れ味や、使い勝手などが計算されていて、やっぱり便利なものです。長年使っても、手入れすれば問題なく使える。劣化というよりは、手になじんでくる感覚の方が強いんです。

高いお金を出して買った物は、僕が使い倒した後に、いつか誰かに料理を作る日が来たら息子に渡そうと思っています。味と同じように、道具も伝えるって、なかなか素敵なことだから、今からちょっと楽しみにしているんです。

僕の弁当の思い出

僕が高校生だった頃は、常にお腹が空いていました。剣道部に所属していたから、朝5時に起きて朝練へ行き、授業が始まる前におにぎりを2つほどつまむ。授業が始まる前に寝て、2時限目の途中で、クラスメイトの弁当を盗み食い。それからお昼になって、ようやく自分の弁当を開ける。部活が終わってからお菓子にジュース、家に帰って晩ご飯。振り返ってみると、とにかく一日中食べていた記憶しかありません。車にガソリンを入れるように、自分が動いた分だけご飯を食べる。運動部に入っている男の子なんて、そんなものだと思います。

高校入学当初の頃は、姉が弁当を作ってくれていました。しかし、僕は好き嫌いが激しく〝野菜はいらないから、肉だけにして〟など、あれこれ注文をつけていたら、「文句を言うなら、自分で作りなさい！」と怒り、その後作ってくれなくなっちゃったんです。昼ご飯抜きなんていうこともあり、貧血と空腹で倒れそうになりましたね。

何も食べないわけにはいきません。朝4時に起き、昨晩余ったご飯をアルマイト製のドカ弁にギッチギチに詰め、2段目にはお気に入りの〝焼肉のたれ〟でウィンナーを炒め、卵焼きを作って持っていっていました。

振り返れば初めて弁当を作ったのは、そんな高校生時代でした。しかし、当時のものは、お腹さえ満たされればいいので、見た目や栄養面など、まるで無視。全体的に茶色っぽい弁当でしたね。自分の好きな味で固め、大満足でしたが、量的にはやっぱり足りません。2時限目が終わると、クラスを越え、同じ学年の女の子のお弁当を3分の1くらい盗み食いをして回っていました。ご飯とおかずを少しずつ拝借し、形を整えておけばバレない、と思っていましたが、実はしっかりバレてたみたい。しかし、女子というのは不思議なもので、盗まれているのを知りながらも、自分のお弁当を他人に見られることが恥ずかしかったらしいのです。ある日、いつも通り、女の子の弁当の蓋をこっそり開けてみるとすごくキレイで、豪華になっているんです。あんまりすごいものには手を付けられないので、別の子のものを開けてみると、なんとそっちも彩り豊かなおかず満載。僕が盗み食いしていたことが、クラスの女の子に知れ渡り、いつの間にか全員のお弁当のクオリティが向上していたんですよね。これにはさすがに申し訳ない気持ちになりました。

「自分で作れ！」と言われた事件以降、姉の怒りは一向に解ける気配がなかったので、しばらくは自分で昼食を用意していました。でも、10代の男の子なんて夜中にやらなければいけない〝課題〟がたくさんあります。だから、少しでも長く寝ていたい。それなら買った方が当然楽だという結論に至り、よく近所のお弁当屋さんを利用するようになりました。おもしろいもので、人間は一度楽を覚えてしまうと、キリがない。登校時に買った弁当は、昼ごろにはとっくに冷めています。どうせだったら、できたての温かいものが食べたい。そこで思い付いたのが、校則を変えることでした。そのために生徒会に立候補。公約に掲げたのは「弁当屋さんと提携し、生徒みんなで、温かい昼食を！」だったと思います。今思い返すとかなりふざけていますが、当時はみんなにとっても切実な問題だったようで、見事に大多数の心をつかんで当選しました。実際にオーダーシートを作り、2時限目と3時限目の休み時間までに提出すれば、できたての弁当が届くというシステムを確立したんです。これが大変好評でした。こればかりは有言実行で、欲望に忠実な自分を褒めてあげたいですね。温かい弁当は好評で、みんな利用していました。そのせいか、午後の授業で寝ている生徒が続出。軽い問題になりましたね。

大人になっても、欲深い性格は変わりませんでした。一度、気に入ったら毎日食べなければ気がすまない。お寿司を食べ続けたり、都内で一番おいしい店を探すため、トンカツ屋の前を通ったら、善し悪しかまわずとりあえずお店に入ってみるなど。毎日、気に入ったものを食べ続ける変なクセがあるんです。しかも、大体ドクターストップがかかるところまで続けてしまう……。

大人になってから、全国を巡る機会にも恵まれ、本当にいろいろなものを食べました。肉はいまでも好きですが、魚や野菜、漬け物や珍味など。本当においしいものに出会うことができた。子供の頃、偏食で好き嫌いばかりしたことを随分後悔しましたね。

だから、息子に同じ思いをさせたくないという気持ちは強かった。なるべく茶色の弁当なんて食べさせたくなかったんですよね。

子供のうちは、味覚が経験していないような強い刺激の食べ物を求めがちです。うちの息子もハンバーグやお菓子みたいなものを欲しがりました。それももちろん経験としては必要です。しかし、子供は親の背中を見て育ちます。父親の僕がおいしそうにほうれん草のおひたしや、たこわさなんかを食べていれば、自然に興味を持つものです。大人になってから食べる楽しみを知るよりも、子供の頃から知っていた方がいい。単純においしいものと早く出会えるのは得だということもあるけど、おいしいものを食べてみたいと求めることで、視野が広がることもあるんじゃないかな。

息子が高校へ通っていた3年間、僕自身の欲深さは弁当作りに反映されていたようです。料理すること自体は好きで、栄養や彩りのバランスを考えて作っていたせいか、自分も健康的な食生活を送った3年間でした。感謝をするのは、僕の方かもしれません。

息子の恋とダイエット

子供なんて、ちょっと太っているくらいの方がかわいいもんです。ぽっちゃりした見た目の愛らしさもさることながら、栄養が行き届いている感じもすごくいいと思う。でも、人の目線が気になり始める思春期をむかえると、そうはいかないんですよね。ナイーブな年頃の子供たちにとって〝太る〟ということはやっぱり大敵みたい。「太っている方がかわいいんだぞ。いつかわかる日が来る。今は成長期だから、身長も伸びることだし、とにかくお腹いっぱい食え！」と言ったところで、とうてい理解などされません。

うちの息子は、小学校の頃は、空中殺法を得意技とするプロレスラーに憧れ、道場や体操教室に通っていました。しかし、マイペースな性格から勝敗や強弱を迫られる世界に違和感を感じたらしく、辞めてしまいました。中学校に入ると、休日に放っておけば朝から晩までゲームやパソコン漬け。下手すれば家から一歩も出ないことだってあった。携帯電話の操作がわからない時は、息子に聞くと大体解決する。頼もしいヤツでもあるんです。ただ部屋の中でジッとしていても、三食はしっかりとるんだから、やっぱり太っちゃうんですよね。

高校1年生の秋のこと。「ダイエットするから、お弁当の量を少し減らしてほしい」というリクエストがありました。う〜ん、うちの息子にもついにそういう日がきたのか。嬉しい半面、少し淋しい気持ちになりましたね。理由を聞いてみると、久しぶりに会った中学時代の同級生から、「ちょっと太った？」と言われたそうです。そんなの気にしなくてもいいのに。必要以上にネガティブになっていました。その時は彼女もいたので、〝太って、カッコ悪くなってはマズい〟というプレッシャーもあったのかもしれません。恋って人を変えるんですよね。本当はたくさん食べてほしいけど、本人の気持ちを察して協力することにしました。

翌日からダイエットメニューを考えていきました。揚げ物はなるべく控え、入っていても魚の南蛮漬け程度におさえる。また、ちくわやかまぼこといった練り物も腹持ちがいいので、きゅうりやチーズを挟んだりして。結構たくさん考えました。

しかし、よくよく考えてみると、息子が元々好きなものといえば、ひじきなどの海藻類、オクラなどのネバネバ系。それからえびや鶏肉など、どれも低カロリーのものばかり。そういった食材を使ったおかずも、弁当のレギュラーメンバーのはずだから、太りようがないんです。結局、問題はおかずじゃないことがわかった。仕方なく、ご飯など、つまりは炭水化物を減らすことにしたんです。だから、この時期は、二段重ねだったわっぱが、一段になっている。少ない量でも満腹感が得られるように、お腹の中で膨らむように、栗ご飯やさつま芋ご飯にしたり、いろいろ工夫しました。

あれやこれやと考えましたが、僕だってちまちま作っていても、正直張り合いがありません。だから、1週間に1日くらいは間違えたフリをして、わざと二段重ねのわっぱにギッチリご飯を詰めてやりました。息子からは「ダイエット中だって言ってるでしょ?」とか言われましたけど、ここぞとばかりに好きなおかずだらけにしてありますから、「でも、どうせ食べちゃうんでしょー⁉」とか笑いながら送り出すと、やっぱり完食してくるんですよね。食べられないんじゃなくて、我慢しているんですから、当たり前のこと。

それからしばらくして、恋が終わったとの報告があったんです。クヨクヨするのかと思ったら、どこか吹っ切れた様子で、意外とあっさりしていましたね。

それから家での食事も、弁当も通常に戻りました。

昨年、新しいガールフレンドを家に連れてきました。一緒にご飯を食べたんだけど、すごくしっかりしていて、なによりご飯をおいしそうに食べる女の子でした。彼氏の体型など、細かいことを気にするような素振りのない、おおらかな子を連れてきてくれたことが、父親としては本当に嬉しかった。昨年のクリスマス前、彼女に何をプレゼントしようか考えていた息子へ「そろそろ彼女には、自分で働いたお金でなにか買ってあげないと」と、男としてアドバイスもしました。

そんな理由から始めたアルバイトですが、働くほどお金がもらえるという実感。それから〝今日、誰それが風邪で休みだから、入ってくれない？〟と言われるたび、自分が求められているという責任感が湧いてきたようです。前より、少しだけ逞《たくま》しくなりましたね。

相変わらず運動はしないけど、働けば運動になるからね。大好きな子のために、かっこいい息子であって欲しいと思っています。

2012.
7.13

岡山でライブをした時に広島から来たお客さんに頂いたカープふりかけ。カープ・ファンの息子にちょっとしたサプライズ！

オクラとにんじんの肉巻き／絹さやとみょうがのポン酢ジュレとかつお節和え／ゆでブロッコリー／プチトマト／塩鮭焼き／桜海老とつるむらさき入り卵焼き／梅干し／ご飯／広島カープふりかけ

2012.
9.18

かにかま巻き卵焼きは、簡単で色がきれいに仕上がる。俊美特注・松本家具研究所の漆塗りの弁当箱にぴったりハマる。

鶏むね肉とピーマンの照り焼き／プチトマト／きんぴらごぼう／かにかま巻き卵焼き／塩鮭焼き／焼きのり／梅干し／ご飯

2012.
9.20

鶏の唐揚げはカレーライス同様、その人のお家の味が出る。唐揚げは「味付け」ではなく「味漬け」だ。自家製の漬け物と一緒で、肉の漬け具合でその家の味になる。

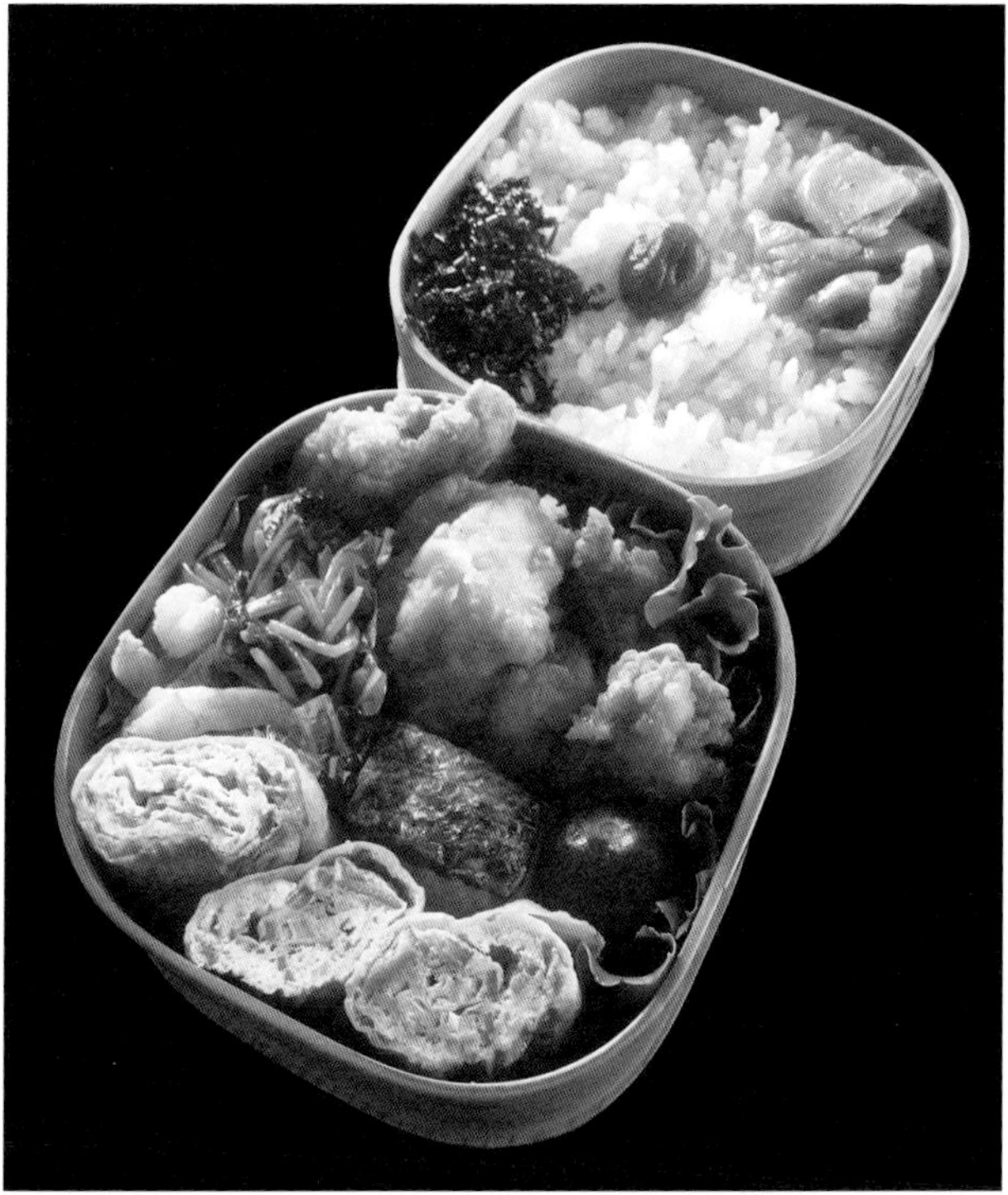

鶏むね肉の唐揚げ／プチトマト／えびとほうれん草のバター炒め／オクラとおかか入り卵焼き／塩鮭焼き／桜大根／子持ちきくらげ／梅干し／ご飯

2012.
9.21

和歌山の七代続く老舗のしらす店「山利《やまり》」のしらす入り卵焼き。旬の秋しらすは身が締まっていて贅沢な一品です。

オクラとにんじんの豚ロース巻き／プチトマト／水菜とちくわのおかか和え／しらす入り卵焼き／塩鮭焼き／梅干し／三色ご飯（鶏そぼろ、いんげんのおひたし、錦糸卵）

2012.9.24

息子が自分の体型を気にしだした時期。ダイエット開始。しかし、不思議と二段弁当箱より、一つにまとまっていた方がより弁当感が出るな。

鶏もも肉と3色ピーマンの塩麹炒め／いんげんのごま和え／九条ねぎとしらす入り卵焼き／塩鮭焼き／梅干し／ご飯

渡辺家の台所にある
レシピを超えて
料理のセンスを
学んだ名著

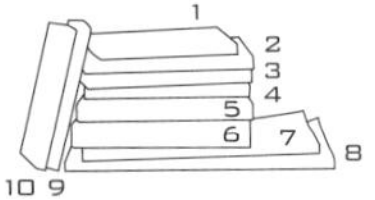

1 『池波正太郎の食卓』

時代小説はもちろん、エッセイストとしての著書も多い池波正太郎。中でも、強く影響を受けたのは食に関する記述。「特になにかおかずを作る参考にしたのではなく、料理に向かう心構えを学びました。江戸前の心意気というか、料理するなら必ず一手間かける、とか。それを読んでから、下味をちゃんと付けようと思いました」。

佐藤隆介、茂出木雅章、近藤文夫共著／絶版 新潮文庫

2 『べんとう物語』

戦前から日本の食を研究してきた著者。栄養学から食料の大量供給を危惧するものまで、数多くの論文が残されているが、中でも珍しい弁当に関する一冊。おかずごとの味付けや、彩りまでが記されている。「保存食品もいいけど、季節の旬や、その土地で穫れる食べ物が人を育てる上で必要だということを再認識させてくれました」。

大塚 力／絶版 雄山閣出版

3 『食の軍師』

泉晴紀と久住昌之の漫画家コンビによるグルメコミック。「毎回おいしそうな食べ方を巡って敵と勝負する。おでんは味だけではなく“丸（大根）、三角（はんぺん）、四角（ごぼう巻き）という、森羅万象の並びが大事である”とか、泉さんたちが決めたルールを大げさに語って争う。最初は笑って見ているんだけど、確かに見た目は大事だから、参考になるんです」。

泉 昌之／649円 日本文芸社

4 『美味しんぼ 本日快晴! 味な行楽弁当編』

100巻をこえて発表されている長寿料理漫画。渡辺家にも半分くらいはあるという。今回はその中から弁当に関するストーリーをまとめた愛蔵版を。「おにぎりの握り方など、ただ強く握るだけではダメだと『美味しんぼ』で知りました。また、コンビニ弁当における食品表示の問題など、チクリと効いた風刺もいいですね」。

雁屋 哲(作)、花咲アキラ(画)/絶版 小学館

5 『日本料理 味つけ便利帳 だし たれ 合せ調味料386』

だしの取り方、あんやソースの作り方など。和食に必要な味の要素を386種の調味料を使って紹介。「僕はまずはなんでも自己流で始めてみます。それで、なにか足りないと思った時には、この本を開きます。おひたしのだしなど、素材によって変わることでおいしくなる。すごく親切に、細かく書いてある。サイズも小さく、台所でも邪魔にならないんです」。

野崎洋光/ 3,520円 柴田書店

6 『東海林さだおの味わい方』

漫画家として知られる著者が、50音順に食べ物を並べ、それぞれについて書いたエッセイ。「東海林先生の“まるかじり”シリーズが大好きなんだけど、今回はさまざまな料理や食材を並べた一冊を。中には“いぶりがっこ”や“かいわれ”の記述もあるんだけど、読んでいて“よくひとつのテーマでこれだけ書けるなぁ”と読者目線で、思わず感動するような話も多い」。

東海林さだお/絶版 筑摩書房

9『女たちよ!』

1968年に発表され、現在でも人気のエッセイ集。料理の作り方について、独自のリズム感で読ませる筆致は秀逸。「スパゲティのゆで方、卵焼きの作り方へ、自らのダンディズムを投影させるというのがすごいと思うんですよ。マニュアル通りの作り方しているだけでは、うまいものなんてできないと断言している箇所があって。すごく感銘を受けました」。

伊丹十三／605円 新潮文庫（2014年）

10『新しいもの古いもの』

旅行から食まで、66編のエッセイを収録。「池波さんのエッセイにはたくさんおいしそうな店や食べ物が出てきます。味のディテールも詳しいから、料理の参考にしています。そんな本を片手に東京の店を回るというのもいいですよ。この本には京都についても書かれていて、京の旬をゆっくり味わうとか、今後の目標にしていきたいと思います」。

池波正太郎／544円 講談社文庫

7『野崎洋光の「お弁当の方程式」』

5の調味料の本に続き、野崎氏の著書。料理をするすべての人の味方です。「古本で探して買いました。卵焼きや照り焼き、煮物と揚げ物など、すごく基本的なことから教えてくれています。弁当作りに慣れてきた時、“自分の作り方はどうなんだろう?”と改めて振り返る時に読みましたね。それから写真がいちいちおいしそうなのでメニューを決めかねた時に見ます」。

野崎洋光／絶版 小学館

8『辰巳芳子の家庭料理の世界 ――「手しおにかける食」の提案』

食べるものへの細やかな気遣い、そして調理方法……。おいしそうな料理写真の美しさに目を奪われてしまいがちだけど、この本はそれだけにとどまらない。「『命を育む食卓』という章では、食べる人へ思いやりを持たなければならないと実感しました。そうした考えは料理だけではなく、食材にまで及ぶので、弁当を作るにあたり大きな影響を受けました」。

辰巳芳子／絶版 平凡社（別冊太陽）

2012.
9.25

ツイッター上でも「食べ盛りの男の子にしてはお弁当の量少なくないですか?」と質問された。すぐさま「ダイエット中!」と返答していた。

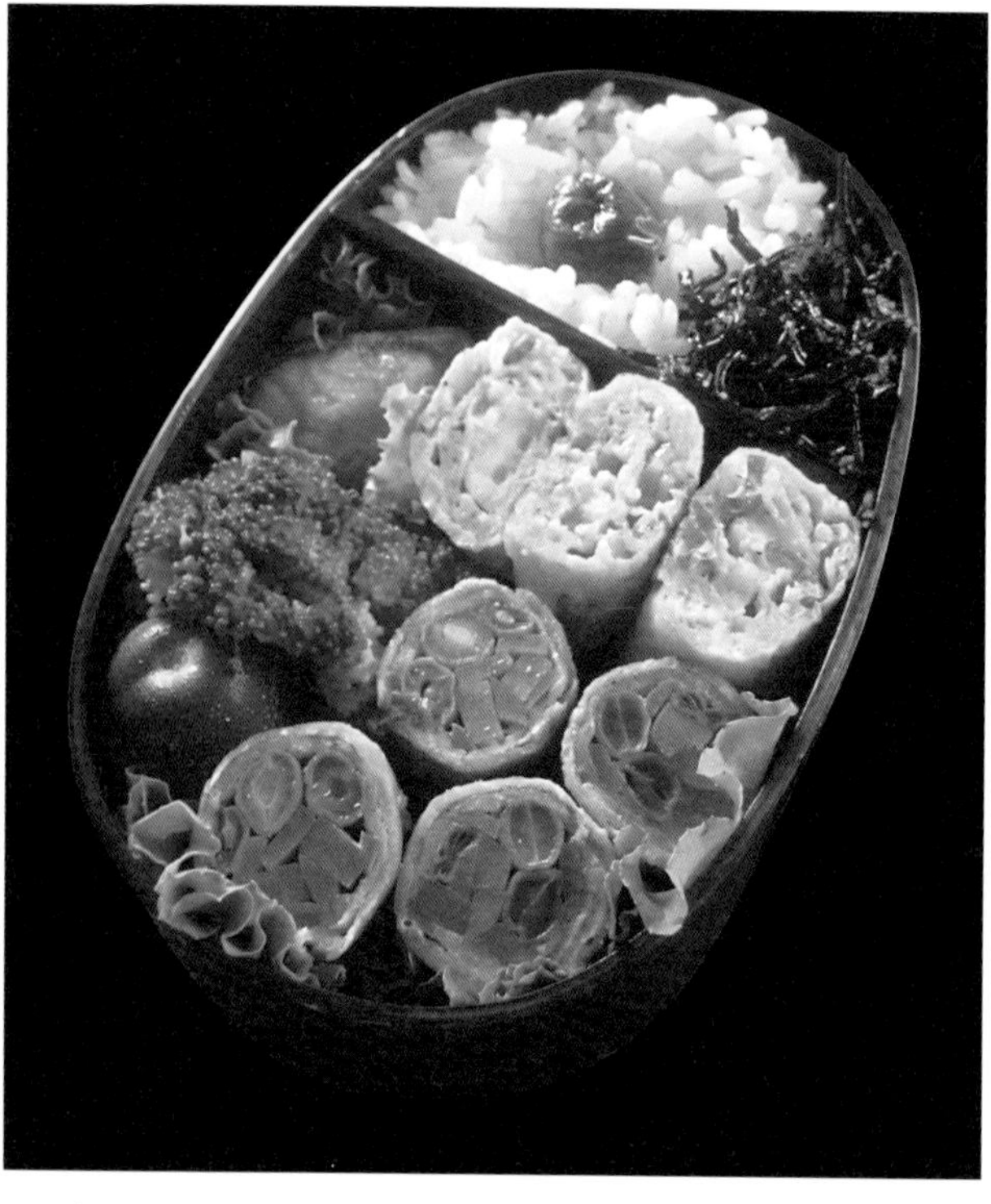

いんげんとにんじんの豚ロース肉巻き／ゆでブロッコリー／プチトマト／九条ねぎとしらす入り卵焼き／塩鮭焼き／子持ちきくらげ／梅干し／ご飯

2012.10.2

お弁当のご飯の量を減らすことで、作る時間が短くなるわけではない。「油少なめ、野菜を多めに」など、考える時間が長くなった。

いんげんとにんじんの豚ロース薄切り肉巻き／ゆでブロッコリー／プチトマト／きんぴらごぼう／子持ちきくらげ入り卵焼き／塩鮭焼き／梅干し／ご飯

2012.10.25

三人姉妹の一番上の姉が届けてくれた旬の栗。小さい時によく食べた、栗ご飯を作りたくなったので、さっそく母親に電話して作り方を教わった。

鶏もも肉の唐揚げ／プチトマト／いんげんのごま和え／しらすとにら入り卵焼き／塩鮭焼き／焼きのり／栗ご飯

2012.11.1

一段の曲げわっぱ弁当箱の盛り付けにも慣れてきた頃、突然ダイエットが終わった。お弁当を撮る写真もうまくなっている。息子にさりげなく成長させられた。

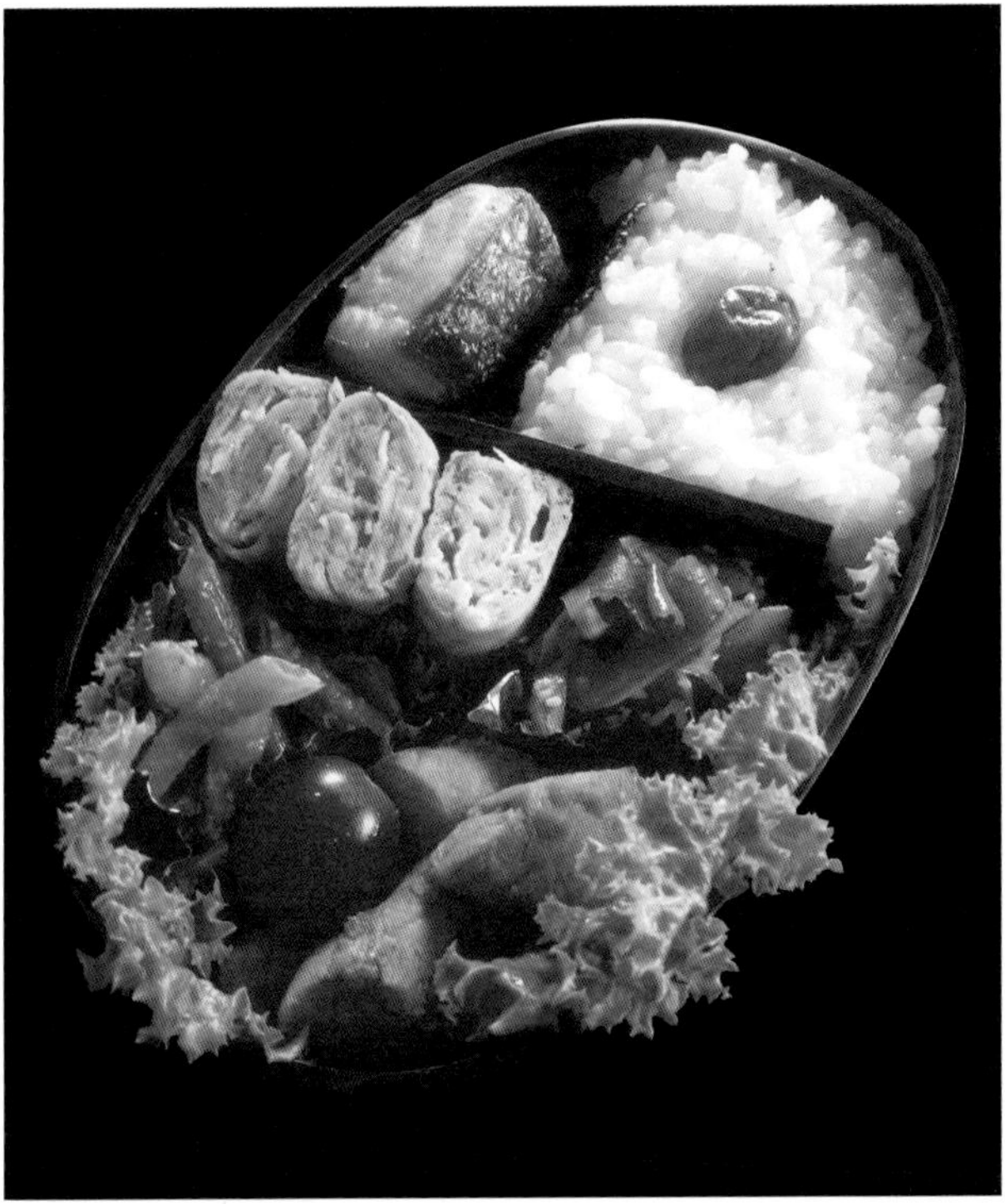

鶏むね肉のしょうが煮／プチトマト／いんげんのごま和え／ごぼうとにんじんのきんぴら／ちりめんと糸三つ葉入り卵焼き／塩鮭焼き／焼きのり／梅干し／ご飯

2012.
11.5

冬が到来し、寒さで体調を崩してしまう。そんな時はしょうがに限る。しょうがは擂《す》らないで細い針しょうがにする。風味も歯ごたえもあり、うまさと同時にパワーアップ感を得られる。

鶏と豚ひき肉のきざみしょうが入りハンバーグ／ゆでブロッコリー／プチトマト／花えびちりめん入り卵焼き／春菊のおひたし／塩鮭焼き／焼きのり／梅干し／ご飯

仕込みと保存のコツ

毎日の弁当作りで重要なのは、より品揃えが良く、より安いお店との出会いです。保存できる食材は、安い時にまとめ買いしておく。基本的なことのようで、実はなかなかできないことです。新聞の安売り広告をチェックしない僕は、毎日のようにスーパーへ行くようにしていました。そうすると、自然に値段の変動がわかるようになってくる。さらに、近所に何軒かあるならハシゴ、隣町にもあるようならツアーして、足を使って情報を入手していました。そうすると、1店舗あたりの値段だけではなく、近所の相場がつかめるんです。時間がある時には「今日はこの店が何円安いということは、隣町の店ならさらに何円安いはず」と考え、実際に行っていました。ある時、自然に計算できるようになっている自分に気が付き、〝もう、一人前の立派な主夫になったな〟と、黄昏れたこともありましたね。

3年間弁当作りを続け、1食分300円という予算を決めて厳守していると、できるだけ安い買い物を意識し、予算以内で収めた時など、ゲームに勝ったような感覚になり、段々楽しくなっていきます。ちょっとケチなようにも聞こえますが、予算を決めることは、そんなに悪いことではないのかもしれませんね。

基本的にうちの冷蔵庫の冷凍室には、この3年は肉、魚介、野菜など、なにかしらの保存用食材が、常時満員の状態でスタンバイしていました。

中でも多かったのが肉類。ほぼ毎日使っているのが、息子の好物のオクラの肉巻きに使う豚ロースのスライス。買ってきたらすぐ、肉を一枚ずつ分け、サランラップで巻いて冷凍しておきます。買う際に注意したいのが、肉の質です。いろいろな肉を使って試してみましたが、国産のスライス肉は形がバラバラで、厚さが薄い。一方、カナダやアメリカなどの輸入物は一枚ずつの形が一定に保たれていて、国産に比べると若干肉厚なんです。この方が使いやすいし、肉厚の方が冷凍焼けしにくいので、保存に適していると思うんです。解凍は朝、鍋にお湯を沸かして、軽く湯通しします。事前に冷蔵室へ移し、自然解凍させると、肉のうま味が水分と一緒に溶け出して流れてしまい、焼いた時にパッサパサになってしまうからおすすめしません。

鶏肉はむね肉が多いんだけど、ラップに包んで冷凍室へ。注意するのは、鶏肉は繊維質で、冷気を通しやすく、小さく刻んでしまうと真ん中まで完全に凍ってしまう。

そうなると調理した時、固くなっちゃいます。解凍する時は、表面だけサッと湯通しして鍋からあげ、少し置いて余熱で中まで熱を通す。まだ、中が少し凍っている状態で、使いたいサイズに切る方がいいかな。

野菜は冷凍すると鮮度が落ちるから、あんまりないんだけど、ピーマンは頻度が高いのでストックしてあります。種を取ってから冷凍用の保存袋に入れ、凍った段階で細かく砕いちゃう。その方が、ひじきと3色ピーマンなどは使い勝手がいいんですよね。

鮭やたらといった魚は、一切れずつ売られていますが、うちの場合は一食につき一切れを3、4等分して調理します。だから、できるだけ大きな切れの魚を探します。鮮魚売り場で1パックごとに見比べている父親の渋さは、さぞ息子の胸を打ったことでしょう。

また、西京焼きにするさわらやたらは、切り分けて漬け床において味を付ける。その後、お茶っ葉用の紙のパックに一切れずつ入れて冷凍します。お茶パックは、魚が凍ってもくっつかないようになっていて、解凍する時にピーッときれいにはがれるのですごく便利なんです。

基本的に味付けなどの仕込みを含め、すべての調理は朝起きてからやっています。

ただ、ある事件があってから、例外もできました。ある朝、コロッケを作るため、じゃが芋をマッシュしてタネを作りました。これが完全に冷えておらず、まだ温かいまま衣をつけて、油の入った鍋に入れてしまったんですね。これが大爆発したんです。あれには朝からビビりましたね。それ以降、コロッケのタネだけは前日に仕込んで、充分冷ますことにしています。それから、これはよりおいしくするために、さつま芋のレモン煮は、前日に作っておきます。一日置いた方が、味がよく染みるんですよね。

それも含めて、渡辺家には〝芋は前日から仕込め！〟という家訓が生まれたんです。

冷凍室を制する者は、保存食を制する！

鮭など、魚の切り身は2枚から3枚パックのものを買って、一枚ずつラップに包んで保存する。可能な限り大きなものを選んで買っておけば、1枚につき3食分くらい取れてしまうので経済的。

3色ピーマンは、日によって値段の変動が激しい。我が家では、安い時に買い置きしておいて、冷凍保存が基本。ひじきとピーマンのいためなど、細かく切っていては手間がかかるので、凍った状態の時に砕いておく。

我が家では主食のブロッコリー、彩り食材に活躍するいんげんも、もちろん冷凍保存。また、しいたけなど季節の旬の野菜は、可能な限りたくさん購入して冷凍庫に保存しておくと便利。

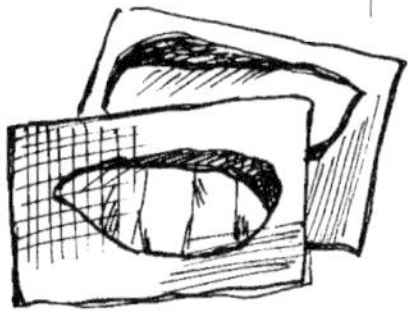

西京焼き用に味噌に漬けた魚は、あらかじめお茶パックに包んで冷凍室へ。サランラップだと味噌がくっついてしまいがちだが、お茶パックだと冷凍状態でもキレイにはがれて、手間がかからない。時間がない時には役立つ逸品。

オクラの肉巻きに欠かせない豚肉ロースも、手頃なタイミングを見て買い置き。一枚ずつラップして、ストックしておき、使う前に鍋で解凍させている。定番メニューの食材は、常に冷凍室にあれば、いつ何時でも安心。

手紙弁当

地方でのライブへ出演するため、毎週末はほとんど家を空けます。会社勤めされている家族とは、真逆ではないでしょうか。

息子が高校に進学してから、少しは家事も手伝ってくれるようになりました。でも、食事を一から作るのはまだ無理だったので、出掛ける前に週末分の食事を作り置きしていました。主食にかしわ飯や、炊き込みご飯の延長線にある海鮮を使ったパエリア。おかずには煮物や揚げ物など。僕がいない時は、たぶん家でゲームかネットでもやっているると思うので、あまり心配はありませんでしたが、いつもどこかで気になっているところがありました。

息子を一人で家に置いておく時は、お小遣いも少し置いていきますが、やっぱりご飯は作ってあげたかったんですよね。お金を渡して「コンビニやファストフードで好きなものでも買いなさい」と言うのは簡単だけど、育ち盛りだし、やっぱり物足りないんじゃないかな。

それ以上に、一度お金で解決してしまったら、「3年間、弁当を作る！」と交わした男と男の約束が揺らいでしまうかもしれないという心配もあった。だから、スケジュールが多少ハードでも、なるべく月曜の朝には戻って、弁当の支度をするようにしていたんです。

家族というのは、一緒にいる分、わかっているようで、実はわからないところの方が多いと思うんですよ。本当はなにを考えているか。我が家は息子と二人で進路から下ネタまで、なんでも話すことにしているけど、心の中までは見えません。

だから、なるべく心の機微を感じ取ろうと、学校へ行く前に少しでもいいから、顔を合わせるようにしていました。でも、朝は慌ただしいし、まだ眠いから息子の機嫌も悪い。親が気を使って一方的に話しかけるのも、ちょっと違うと思ったんです。だから、ライブへ出向いた先で買ってきた総菜や乾物などを弁当に入れ、「今週はこんなところへ行ってきたんだよね」と、弁当でコミュニケーションを取ることを思い付いたんです。

まず、九州へ行った時は明太子。これは「ああ、福岡へ行ってきたんだ」くらいでしょう。これくらいメジャーなもので一喜一憂するなら、珍味好きという意味では、息子もまだまだです。

京都の料亭へ連れて行ってもらった時、彩り湯葉と出会いました。赤、黄、緑の湯葉を乾燥させ細切りにしたものが、サラダにのっていたんです。あまりに鮮やかな色合いだったので、その場でおかみに尋ねて、売店で即買いしました。存在のインパクトの強さに、思わず残してしまうのではないかと思い、送り出す時に「今日の弁当にかかっているのは、湯葉だからね」と種明かし。お昼に驚いたらしく、息子から「これなに？　どこで買ってきたの？」というメールが来ましたね。見た目勝負なので、味にはさほど影響はないものですが、この反応は少し嬉しかった。

手紙弁当の初期の段階で極めつけだったのが、松山で買ってきた削りかまぼこ。発色のいいピンク色をしていて、一見でんぶに見えますが、味はしっかりかまぼこです。「甘いかと思ったら、これかまぼこじゃない？」というメールが来ました。さすが、子供の頃から珍味でならした息子だ。なかなか舌がしっかりしています。

月曜の弁当は何が入っているのか。徐々に週頭の弁当のハードルが上がっていきました。それなら、こっちも気合いが入ります。

それからしばらくたったある週末、富山へ行った時のことです。道の駅で「名物！とろろ昆布にぎり」という垂れ幕が目に留まりました。店内のショーケースを見て仰天したんです。ちょっと大きめのマリモのようなものが並んでいます。富山名物とはのりの代わりに、とろろ昆布を巻いたおにぎりだったのです。物は試しに食べてみると、炊きたてのご飯をとろろ昆布で握ったのでしょうか。とろろ昆布が絶妙にご飯にしみ入っています。食べてみると、磯の香りが口いっぱいにひろがりました。

ここでピンときました。普段、弁当のご飯の部分にのりを敷き、その上に焼き魚をのせていましたが、その代わりにとろろ昆布を使おうと。ごま昆布や納豆昆布など、いろいろな種類を用意してみたところ、すぐに「とろろおいしかった！」というメールが来ましたね。してやったりの気分で、これは嬉しかったな。

それから、これは特に名物を使ったものではありませんが、息子の卒業を控えた昨年のクリスマス。1月は自由登校になるし、弁当を持たせるのも残りわずかだと思った瞬間、なんだか少し淋しい気持ちになってしまった。その勢いで、今まで作ったことのない弁当を作ろうと思い立ち、クリスマスツリーをかたどったものを作ってみたんです。いうなればキャラ弁ですね。

ご飯の上にじゃことのりでツリーを描き、一番上に輝く星の代わりに梅干しを置いてみた。思いつきで作った割に〝オレ、こっち（キャラ弁）もいけるんじゃないか？〟と思うくらいうまくできたと思いました。しかし、息子からは「あ、今日はクリスマスツリーね。「ごちそうさまでした」と、若干味気ないメールが。

いつの日か、もっとカラフルでブリブリのキャラ弁を作ってやろうと心に決めて、狙っています。

外食はネタ探し

外でご飯を食べていて「これはうまい！」と感じた料理って、自分でも作ってみたくなりますよね。もちろん、板前さんやシェフに作り方を教えてもらうわけにはいきません。だから、僕は気に入った味を見つけた場合、ひたすらお店に通いまくって味を研究することにしています。毎日のように顔を合わせるので、板さんが「今日も来たの？」なんて、半ば呆れた様子でお声を掛けてくれるようになる。そこから仲良くなって、作り方やヒントを教えてくれることもあります。

「ただの浪費ではないか？」などと、自分自身でつっこみつつ、「料理の勉強のためです」と説き伏せては、とにかく通い続けます。

もちろん、気に入った店には、息子を連れて行くことも多く、その中には渡辺家のスタンダードになった味もあります。

あれは、まだ息子が小学校5年くらいの時のこと。当時は目黒に住んでいて、僕は夜型の不規則な生活をしていました。朝までお酒を飲んで夜更けに帰ってくることも多かった。そんな日は昼過ぎに起きて、ようやくお腹が空いてくるのが夕方ごろ。祐天寺にあるレモンサワー発祥の店〈もつやき ばん〉が、歩いて数分のところにあるので、よく行っていました。夕方4時の開店と同時に即満席になりますから、ちょっと早くに行って、待っていることにして学校帰りの息子を誘っては、よく一緒に行ったものです。

レモンサワーとウーロン茶で乾杯して、〈ばん〉名物として有名な豚のしっぽを煮込んだ「とんび豆腐」などをつまんでいましたね。しかし、僕ら二人が気に入ったのは、お通しで出されるぬか漬けでした。定番はきゅうり、にんじん、大根。とにかくお通しのレベルを超えているんです。歯ごたえがしっかりあって、パリパリ、ポリポリ、すぐに完食してしまう。お代わりしたいほどほれ込みました。息子も気に入って、ガンガン食べていて、終いには「なんで、うちではぬか漬けやらないの？　やってよ」と言い出す始末。さっそくまねしてみましたが、そう簡単にいかず、失敗と工夫を繰り返してコツをつかむまでにたどり着きました。〈ばん〉とは少し違うけど、そこから我が家のオリジナルぬか漬けが完成したんですよね。

〈ばん〉から歩いて行けるところに、焼鳥屋の〈忠弥《ちゅうや》〉もあるんです。ここも開店が16時からなんだけど、オープン前から並ばないと入れない。16時前に帰ると約束した息子が少し遅れたので、イライラして〝時間は守りなさい！〟と叱ったことがありましたね（笑）。

〝ぺてん〟や〝ちれ〟など、珍しい部位が次々と完売していきます。いろいろな串物を注文しますが、息子が毎回頼んでいたのはベーシックな〝つくね〟でした。つくねを串からはずし、ピーマンに挟んで食べるというスタイルです。一口食べると肉汁があふれ出すほどジューシーなもので、食べながら内心では〝さて、これをどうやって再現すればいいものか。鶏のひき肉にごま油でも入れてみれば丁度いいかも〟など、いろいろ頭を悩ませました。しかし、ふと気が付くと、息子の方から〝バリッバリッ〟という歯切れのいい音が聞こえてきます。なんと息子は、つくねを放置して、ピーマンだけを食べているではありませんか。普通、子供はピーマンなんて大嫌いなはずなのに、いつの間にか大好物になっていたんですよね。

こういう意外なところがあるから、子どもと一緒にご飯を食べることはおもしろいんですね。「つくねよりもピーマン!?」とわかった時は、意外過ぎて、なんか脱力してしまいましたね。小さい頃から、各地の居酒屋を連れ歩いた結果、味の好みが似てしまったんです。ぬたなどの酢味噌、塩辛、梅干しといった漬け物のような、クセの強い珍味なんて、小さい子は嫌いそうなものだけど、うちの息子はいつしか好物になっちゃっていましたね。

地方へライブしに行った時など、大体現地のスタッフが食事へ連れて行ってくれます。東京№1ソウルセットの場合、メンバー全員お酒が好きなので、居酒屋へ行くことが多い。その時、必ずメニューを見て、聞いたことのない食材、食べたことがない料理、それから卵焼きの中身を確認します。とば（鮭のハラミの薫製）やへしこ（さばのぬか漬け）といった〝なんだ、これは？〟というような、名前の食べ物に珍味が多い。もしかすると、地域食が珍味になりやすいのかもしれません。口に合ったら息子にも食べさせたいと思って、ライブ後に探して買って帰ります。それが大体好評だから、やめられなくなりますね。

**2012.
11.30**

大阪の居酒屋で食べた紅しょうが入り卵焼き。
うま過ぎる！ 毎日食べられる！ 息子に伝授！

オクラとにんじんの肉巻き／ゆでブロッコリー／赤・緑ピーマンとえびのナンプラー・にんにく炒め／ポテトサラダ／紅しょうがと青じそ入り卵焼き／塩鮭焼き／焼きたらこ／焼きのり／梅干し／ご飯

2013.
2.7

この日、息子は友達と夕方からご飯を食べる予定だったので、少なめの量のお弁当にしました。大好きなうずらの卵は、あればあるだけ食べてしまいます。

鶏むね肉とうずら卵の甘醤油煮／ほうれん草のごま和え／ゆでブロッコリー／プチトマト／味ごまひじき入り卵焼き／塩鮭焼き／赤しそ入りごま塩／梅干し／ご飯

2013.4.17

鹿児島から届いた旬のたけのこを入れました。弁当を作り始めて3年目、俊美流・弁当が確立された感じだ。

鶏むね肉と3色ピーマンのにんにく炒め／ゆでブロッコリー／プチトマト／たけのこの煮物／ぶりの味噌漬け焼き／オクラと塩昆布入り卵焼き／味ごまひじきご飯／青じそ／つぼ漬け／しば漬け／梅干し

毎日使ってきた
基本アイテム
その1

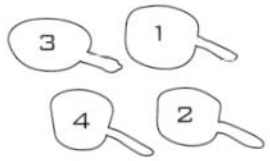

3 小型フライパン

もちろん、テフロン加工されているが、油が染み切った使用面の光沢から、しっかり手入れし、大切に使ってきたことがよくわかる。「これも店頭で手に取って、フィットしたので買いました。ブランド品ではありません」

1 万能鍋

お弁当を作る時のキッチンには小さなサイズの鍋やフライパンが並ぶ。代表は3年間、オクラの肉巻きなどを焼き続けた小鍋。「蒸し焼きに最適。使い過ぎて、鍋に刻まれたブランド名が削れてしまった」

4 揚げ物専用鍋

揚げ物専門の小鍋。「晩ご飯の時は、大きな油鍋で盛大に揚げた方が楽しい。でも、お弁当では、1人分だからその必要もないので、このサイズで充分。だから、弁当用にはそれほど油を使わない。揚げ焼きに近いかもね」

2 茹で専用ステンレス鍋

ステンレス製のゆで専門の小鍋。野菜の湯通しや、肉や魚の解凍の際は、少量の塩を入れる。「使用後は汚れ残しのないよう、丁寧に洗っていました。適当に買ったものだけど、3年間使い通したという優れものですね」

毎日使ってきた
基本アイテム
その2

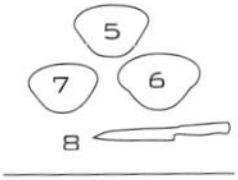

5 柳宗理 ボウル大

柳宗理のボウル2種。「見た目の美しさはもちろん、手に持った感触がまた素晴らしいんですよね。今まで結構行き当たりばったりにボウルを選んできましたけど、一度使ったらもうやめられません」

6 柳宗理パンチングストレーナー

水切り、湯切りに使用。「やっぱり蕎麦やうどんをゆでた後、湯切りに大活躍しています。弁当だと、卵焼きの具材に使う青菜などを湯通しして、湯切りしますね。普通のザルよりも穴が大きいのもポイントです」

7 柳宗理 ボウル小

柳宗理の小さい方のボウル。「大サイズと重ねて収納するんだけど、もうピッタリ収まるんです。機能美という点でも感動しました。卵焼きの具材を入れてかき混ぜるなど、こちらの使用頻度の方が高かったかもしれない」

8 柳宗理 キッチンナイフ

ボウルと同時期に手に入れた。毎日使っていると錆びたり、切れ味が悪くなるものですが……。「これがまたよく切れるんです。毎日使っているんだけどね。また、手に持った感じが本当にシックリくるんです」

100円均一でそろえられる優秀な仲間

1 小型ボウル

ひじきの炒めやいんげんのごま和えといった副菜を作ったら、小さなボウルに一度入れておく。「毎日大中小のボウルは必ず使う。いくつ数があっても助かります。重ねられるものを買えば、収納時もスッキリ」

2 ざる

「湯切りをしている間に、もやしを洗うなんてこともあるので、ざるだって1つでは足りない。そこで必要なサイズのものを買いました」。3年間使い続けて、弁当作りが終わった今も渡辺家で活躍中。

3 ピーラー

毎日のように登場したオクラの肉巻きには欠かせなかったピーラー。「薄くスライスしたにんじんをオクラに巻くと、すごくきれいなんですよ。包丁より手早く、均一にできるので、便利ですね」

4 はけ

当初、卵焼きを作る時はティッシュに油を染み込ませ、卵焼き器に塗っていた。「でも、油の量が多くなることもあるし、ゴミ箱がベッタベタになる。代わりのものがないか探していた時、いいものを発見しました」

5 料理用はさみ

渡辺家で、ねぎやわけぎを切る時に使われてきたはさみ。もちろん錆びついてしまうので、買い替えが必要。実はこれで3挺目。「安いのに便利で、何でも気にせずガンガン切れます。買い置きしてもいいですね」

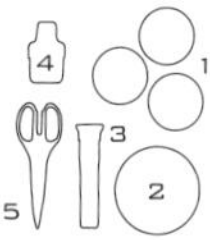
4
1
3
2
5

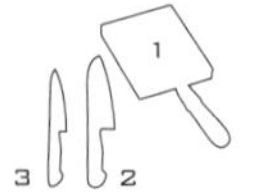
1
3
2

手に入れたい特別なものとの出会い

1 卵焼き器

「高松のライブ会場で、卵焼きが売られていて。食べてみたら、それがおいしかった。作っていた人と話してみたら〈大山銅工所〉の方で、卵焼き器も持っているというので、その場で売ってもらいました。思い出の品です」

2 洋包丁

知り合いの料理人からの贈り物。「肉を切る大型の包丁です。大きなかたまりを買ってきて、この包丁でさばき、小さくして冷凍保存しておきます。かなり豪快なもので、かっこいいから、ついでにお願いして名前も入れました」

3 有次のペティナイフ

京都の老舗刃物鍛冶、有次の名品。「すごくいいものだと聞いていて、憧れていました。そうしたら、手頃な小型包丁をいただいたんです。野菜の皮をむいてたりすると、どんどん切れるから、延々やっていたい気になる」

2013.
5.13

この前日は、豊橋のライブ。現地で朝まで打ち上げをして、始発で戻ってきた日のもの。豊橋の駅で買った天むすがお弁当になった。

天むす（豊橋の駅で購入）／ゆでブロッコリー／プチトマト／きんぴらごぼう／塩鮭焼き／しらすと九条ねぎ入り卵焼き

2013.5.17

息子がお弁当で一番大好きなおかずは、えびと野菜のオイスターソース炒めシリーズだ。和歌山から届いた旬の釜揚げしらすをたっぷりご飯の上に盛りました。

鶏むね肉の唐揚げ／プチトマト／えびとブロッコリーと赤ピーマンのオイスターソース炒め／いんげんのごま和え／小ねぎと桜えび入り卵焼き／釜揚げしらすご飯／塩鮭焼き／つぼ漬け／梅干し

2013.
6.13

弁当箱の蓋を開けた時の息子の喜ぶ顔を思いながら作ると、自然に彩りがきれいな弁当に仕上がります。

鶏ささみの青じそと梅肉巻き／えびとブロッコリーのマヨネーズ和え／ピーマンとちりめんじゃこ炒め／ハムとゴーヤ入り卵焼き／プチトマト／ぶりの味噌漬け焼き／ふきの佃煮／つぼ漬け／ごま塩／梅干し／ご飯

2013.7.10

ハムとにらの炒り卵を夕飯に出して好評だったのでお弁当用に卵焼きにした。ピーマンをぎょうざのひぐち特製のラー油で炒めたものはシンプルでうまい!

オクラとにんじんの豚ロース肉巻き／プチトマト／しらすとピーマンといんげんのぎょうざのひぐちラー油炒め／ハムとにら入り卵焼き／ゆでブロッコリー／塩鮭焼き／焼きのり／赤しそ入りごま塩／梅干し／ご飯

番外編　トーイからみた弁当ライフ

3年間、延べ461食分。お父さんが作ってくれたお弁当を食べた感想を、ここで言いたいと思います。残したのはたった1食だけ。夏に作ってくれた空豆ご飯が、わっぱの中で蒸れて、変なにおいになってしまった時だけです。残り460食分は、本当に最高のお弁当だったと思います。

小さい頃から、お父さんの作る料理が大好きでした。

仕事があるから毎日作ってくれるわけではない分、特別に感じたのかもしれません。いや、違うな。とにかくマニアックなんです。一度ハマったらラーメンやシューマイなど、同じメニューが続くんだけど、研究熱心というか、作るたびにどんどんおいしくなっていくんですよね。

だから、高校入学が決まった時、お父さんから「お金を渡すから自分で好きなものを買うか。それともパパがお弁当を作るか。どっちがいいの？」と言ってもらった時は、本当に嬉しかった。ただでさえおいしいのに、3年間続けたら一体最後はどれだけおいしいものになるのか。ちょっとゲームのエンディングを待つような気持ちになっていましたね。

もちろん、コンビニやファストフードのジャンクフードも嫌いじゃないんです。でも、食事として〝おいしいか？〟と聞かれたら、少し違う気がする。弁当を作ってもらい始めた頃、「何かおかずのリクエストはある？」と聞かれたので、大好きな冷凍食品のハンバーグをお願いしたことがあって。それは今食べてもおいしいと思うんだけど、お父さんが作るハンバーグは、なにか違う気がするんですよね。冷凍のものがファストフードだとしたら、お父さんが作るものは佐世保バーガーというか。手間隙かけて〝本物〟を作ってくれている感じです。

高校の同級生のお昼ご飯は、ほとんどコンビニ弁当でした。あ、ついでに先生もそうだったな。「コンビニ行く人～？」なんて声を掛け合いながら、休み時間になるとみんなで行ってました。そんなことをお父さんに話したら、「まわりの友だちと一緒の方がいいんじゃない？」とか言ってくれたんだけど、その時は「いや、作ってもらった方がいい！」って断固拒否しました。仕事が忙しいのは重々わかっていて、負担になっていると感じることもあった。でも、やっぱりおいしいし、実は一緒にご飯を食べていた友だちにも人気があったんですよ。おかずを交換することがあるんだけど、お父さんの料理にはファンもいました。しっかりだしに漬け込んである唐揚げは冷めても超おいしかったし、毎日のように具材が変わる卵焼きに関しては、「今日の具は何？」とよく聞いてくる友だちもいました。かなりポイントが高かったんですよね。

お父さんと僕が揃って大好きな卵焼きと、オクラの肉巻きは毎日入っている定番メニューで。見ると思わず安心してしまうような。なければ淋しいような。ものすごい安定感があるんですよ。それから、大好きなピーマンを、手を替え品を替え、毎日入れてくれていました。ひじきと3色ピーマンをごま油で炒めたものとか最高です。

それから、なにより嬉しいのがえびと3色ピーマンのオイスターソース炒め。これが入っていると思わずテンションが上がり、「最高だよ！　ありがとう！」とかメールを入れていたほど。たまに淋しそうな表情を浮かべて「今日の弁当はどうだった？」と聞かれることがあって。いつも全部おいしいけど、なんだか当たり前になってきて、つい感想を言い忘れちゃうんですよね。ただ、昨年のクリスマスの時、ご飯の上に、じゃこでツリーが描かれていた弁当には衝撃を受けました。これまで味ときれいな盛りつけに集中してきたと思うんですが、年末最後になってまさかのキャラ弁登場です。なんだか微笑ましかったんだけど、家で感想を聞かれて、「クリスマス……だったね……」という、軽くひいたリアクションしか取れませんでした。ごめんね。でも、おいしかったです。これからは、そういうことにも対応できるようにしていきたいと思います。

家にいる時は、いつも一緒にふざけています。テレビやパソコンの動画サイトで、ギャグを見て笑ってる。それは小学校の時から変わらないと思う。最近は恋の相談をすることもあるけど、そういう時は真剣にアドバイスをしてくれる。だから、すごく頼もしいとも感じています。

ケンカになることとなんてほとんどないけど、一度だけすごく怒られたことがありました。テレビに出ていた男性アイドルグループを見ながら「いいなぁ、僕もこんなイケメンに生まれたかったなぁ」と、自虐的なことを言った時のことです。「自信を持って生きろ！　オレはそういうこと言うヤツは大キライだ」と、かなりの剣幕で言われたことがあって。僕は自分のルックスに自信がないから、日頃からそんなこと言ってたんだけど、結構気に障っていたみたい。多分「男だったら簡単に落ち込んだり、弱った姿を人に見せるな」ということだと思います。確かにお父さんは、どれだけ疲れていても、「大丈夫、大丈夫」とか言いながら飄々として家事をこなしていますから、いつも凄いなと思っています。これから、自分に自信の持てる男になれるかどうか、まだわからないんだけど、お父さんがいつもすごくいいお手本を見せてくれているから、参考にしたいです。

4月から大学へ入学して、本当は弁当を作ってもらいたかったんだけど、「楽しいから友だちと学食で食べなさい」と言われました。ちょっと淋しい気持ちもあるけど、お父さんがそう言うなら、ちょっと期待できるかもしれません。おいしい食事に、いい音楽、そしていつもの楽しい生活に。いつも感謝しています。

見守る子育て

僕と息子の間には、家事の分担や約束していること以外、絶対的なルールというものがありません。

僕は親だから、息子が成人するまで、やってあげなければいけないことはあります。教育というより、義務的なことですね。

息子も勉強したり、友だちと会うために学校へ通う。そんな生活のルーティン以外、制約みたいなものって、なにも決めてこなかった。各々がやりたいと思ったことに協力する感じです。

息子がダイエットしたいと言い出した時も、本当はそんなことするより、運動することをすすめたかった。でも、本人にその選択肢がなかったんですよね。だから、二人で相談した結果、特別なメニューを作ることにしました。

親の方針があるとすれば、息子になるべく多くのことを体験させ、その中から自分で好きなこと、やりたいことを選択するということですね。

しかし、僕としては同じような趣味を持って成長すれば、後々一緒に遊べるようになると考えていました。だから、食事に興味を持つように『美味しんぼ』の愛蔵版が出れば必ず部屋やトイレに置いておいたり、ヒップホップが好きになったらいいなと思って、家でスチャダラパーのCDをかけておいたり。趣味的なことは、完全に誘導はしましたけどね。

学校へ通いだせば、新しい社会を経験し、親が用意した選択肢以外にも、いろいろなことを体験するようになる。

小中学生の頃、ゲームやネットにハマって、部屋から出てこなくなった時期がありました。まわりから心配する声もありましたが、僕は息子が楽しそうにしていたので、別にどうでもよかった。スマホやパソコンのことでわからないことがあれば教えてくれるし、正直助かるなと思っていたくらい。

その時、同じ屋根の下にいる父親である僕は、近所の居酒屋へ一人飲みに行くより、誰かと一緒に行きたかった。正直、近所に飲み友だちがいたら、そいつでよかったんです。でも、丁度、家に息子がいるではないですか。ゲームばっかりやっていたけど、意外に誘うと付き合ってくれるんですよね。どっちが子供なのかよくわかりませんが、いいヤツだと思いました。

また、焼鳥店の渋いメニューにどんどんハマっていったり、ベロッベロに酔っぱらったおじさんと息子が、広島東洋カープや、アントニオ猪木や橋本真也といった昭和のプロレスの話で盛り上がったりして。あの時はおもしろかったな。

すべて親の思い通りになんかいかないんですよ。そう思った方が、親としても楽しめると思うんです。例えば、弁当のない日でも、家で食事をする時はだし巻き卵を作ります。でも、なぜか息子はカツ丼や親子丼を許さない。別に食べられないわけじゃないけど、イヤがるんですよね。

一度、不思議に思って理由を聞いてみると「僕は白米が大好きだから、上になにかをのせると、お米が汚れる気がして嫌なんだよね」とのこと。好き嫌いも一切なく、なんでもキレイに残さず食べるのに。もっと言えば、混ぜご飯、チャーハンやチキンライスは大好きなのに……。すごく感覚的なことで、言葉で説明できるほど明確な理由なんてないんでしょうね。成長してきて、そういう意外な面が出てくるのも、またおもしろいんですよね。

高校1年の夏休みに、友だち同士でタイへ旅行に行きたいと言い出しました。そういう体験は貴重なので、僕も喜んで送り出した。同時に、親としては「屋台の料理にアタって、お腹壊してないかな」とか「夜の街でハメをはずす……には、まだ早いか。でも、危ない目にあってないか」など、少し気にかけてはいました。そんな心配をよそに、ナンプラーの瓶をお土産に、無事帰ってきました。タイやベトナムといったアジア料理は辛いものも多いので、あまり食べさせてなかった。旅という経験の中から、自分で好きな味を発見してくれたこと、さらにそれがクセの強いナンプラーなんて、ちょっと嬉しかったですね。

現地で何を食べたか聞いてみると、えびと青菜の炒め物だったそう。軽く湯通しした食材をガーリックオイルで炒め、ナンプラーと塩で味を調える。あまり家でナンプラーは使いませんでしたが、予想以上にうまくできて、息子も満足していました。それ以降、弁当のおかずの定番になりました。

しかし、なぜお土産がナンプラーだったのか。息子に聞いてみると、現地で食べた料理がおいしかったので、お父さんにも食べさせたかった、とのことです。僕も地方へ行った時は、息子に食べさせたいと思ってお土産を買いますから、親子揃って同じようなことを考えているんですね。

やっぱり僕は息子を教育したとは言いがたいんですよね。ナンプラーみたいに、息子の行動から新しい発見や、気付かされることが、これまでたくさんありましたから。

教育というより、ただ見守ってきたというところかな。それと同じように、息子からも見守られていると感じています。

あとがき

２０１４年の春、息子は無事に高校生活を終えて卒業した。今思えば僕と息子の人生にとってすごく重要な3年間だった。

２０１１年3月11日、東日本大震災が起こり、僕の故郷・富岡町と川内村は福島第一原発から20㎞圏内の警戒区域指定により、一般には全域入ることができなくなった。

今まで経験したことのない心配と不安の中で息子との生活が始まったが、その不安を徐々に解消してくれたのは息子だった。僕に心配をかけないよう、ひとりぼっちで淋しい時も文句ひとつ言わず、いつも笑顔でいてくれた。

震災以降、不安と心配から落ち着きのない僕をうまく誘導してくれた。

２０１３年に入籍した妻を快く受け入れ、とても優しく迎えてくれたことは何より嬉しかった。

息子の方がしっかりした大人で、前向きに生きていると思う瞬間も多く、自分が教えられることが多々あった。

息子に対して言葉にできない「ありがとう」は数えきれないほどあった3年間だった。

そして、この本……実はこの本のプロデューサーは息子だったのかも……。

僕が何事にもハマる性格を知っていて「パパの弁当がいい！」と言ってやる気にさせた。

毎回弁当の画像をあげていたTwitterを教えてくれたのも息子だ。いつもおいしいと褒めてくれたおかげで最後の日まで継続できた。

それもみな、僕の仕事がひとつでも増えるように息子が考えた作戦だったかもしれない。

ひとつひとつ丁寧に弁当を作ったことによってたくさんの人に出会い会話が生まれた。

さらに地方に行けばライブ会場に来てくれた人から弁当のおかずに使ってくださいと差し入れをいただき、感謝が生まれた。

僕と息子の間に生まれた小さな「ありがとう」が他の人にも広がった。

僕と息子の心をつないだ「お弁当」で他の人ともつながったことが僕にとって最高

の宝物になりました。

　最後に、息子に作ったお弁当461枚の写真を見て、決して自分ひとりで作ったのではないんだと気付きました。お米、野菜、お肉、魚、調味料、鍋や包丁、お弁当箱など、たくさんの人が様々な想いで作り出したもので、このお弁当ができたのだと実感しました。これからも、人が作り上げた食材や道具に感謝しながら、普段の食事を楽しみ、さらに愛情のあるお弁当を作り続けたいと思います。

お父さんへ

3年間、いつもおいしい弁当を作ってくれてありがとう。

いつも当たり前のように出してくれるけど、毎日噛み締めながら食べてます。

お父さんの弁当は手が込んでいて、全く同じ具材というパターンがほとんどないので、毎日弁当箱を開く瞬間が楽しみです。

メニューのバリエーションが豊富な上に、彩りもきれいで、そして何より、〝おいしい〟ということ。

誰に見せても、食べさせても、恥ずかしくない自慢の弁当だと思ってます。

また、僕が太り気味になってしまった時には炭水化物の量を減らしたヘルシーな弁当にしてくれたり、弁当箱を定期的に変えてみてくれたり、地方に仕事で行った翌週にはその土地の特産品をおかずにしてくれたり、様々な優しい心遣いをしてくれたのも嬉しかったです。

弁当に限らない話ですが、お父さんが昔からおいしい料理を作ってくれてたおかげで、僕は食べ物の好き嫌いがほとんどありません。誇らしいことだと思っています。

高校が終わり、お父さんの弁当を食べる機会も少なくなるのかな、と思うと少し淋しいですが、たまには作ってもらえるととても嬉しいです。

そして、もし僕に子供ができた時には、おいしくて優しい弁当の作り方をぜひ教えてください。

僕も愛情たっぷりのおいしい弁当を次の世代につなげていきたいと思っています。

お父さんも、お父さんの弁当も本当に大好きです。

3年間本当にありがとうございました。

渡辺登生

2013.9.25

お弁当作り3年目は、この栗久《くりきゅう》の曲げわっぱ率が増えた。盛りつけの仕方もほぼ固定化してきている。「ザ・俊美弁当」というのがあるのならばコレかもしれない！

豚ロース肉の仙台味噌漬け焼き／えびとブロッコリーのマヨネーズ和え／赤・緑ピーマンとひじきのきんぴら／プチトマト／ロースハムとにら入り卵焼き／塩鮭焼き／焼きのり／とろろ昆布／梅干し／ご飯

2013.
10.31

旬のさつま芋をちくわと磯辺揚げにした。同様に卵焼きも焼きのりを巻いて磯辺風にした。

和牛カルビ焼き／ちくわとさつま芋の磯辺揚げ／いんげんのごま和え／のり巻き卵焼き／ゆでブロッコリー／プチトマト／塩鮭焼き／焼きのり／梅の実ひじき／梅干し／ご飯

2013.11.20

結婚式の打ち合わせで箱根に行った時、紅葉で景色がきれいだった。「秋ですよ〜」と息子に伝えたくて、拾ってきた落ち葉をお弁当に入れた。

鶏もも肉とセロリのにんにく炒め／小松菜と桜えびの煮びたし／さつま芋のゆかり和え／ゆでブロッコリー／プチトマト／ちりめん山椒入り卵焼き／真ほっけ焼き／焼きのり／五目ふりかけ／梅干し／ご飯／紅葉

2013.
12.25

2013年の最後のお弁当は、キャラ弁ではなくチャラ弁!? あまり興味のないクリスマスの日をお弁当で知らせました。

いんげんとにんじんとごぼうのチキンロール／ポテトサラダ／ゆでブロッコリー／トマトとベーコン入り卵焼き／しらすと3色ピーマンのポン酢炒め／ソフト昆布／赤じそおかか和え／梅干し／ご飯

2014.1.9

初のシーフードピラフ。なぜ、ピラフにしたのか……。自分でも不思議。多分、息子も同じように思ったに違いない。

鶏ささみフライ／ポテトフライバジル風味／えびとほうれん草のバター醤油炒め／ゆでブロッコリー／しらすとかぶの葉入り卵焼き／シーフードピラフ

鶏ささみフライ／鶏もも肉の照り焼き／オクラとにんじんの肉巻き／えびと赤ピーマンといんげんのナンプラー炒め／プチトマト／もやしナムル／きんぴらごぼう／紅菜苔のおひたし／しらすとにら入り卵焼き／ゆでブロッコリー／塩鮭焼き／ピーナッツ味噌／焼きのり／赤じそおかか和え／南高梅干し／ご飯

2014.1.30

高校生活の最後を締めくくる弁当。前日から空の三段弁当箱を眺め、なにを入れるか考えました。弁当を作り続けている間は、冷蔵庫の中身と相談しながら、結構反射神経で作っていたので、じっくり考え込んだのは、最初に弁当を作った時以来かもしれない。ライブの時も、最初と最後の選曲だけ悩むんですよね。結局、息子の好きなものだけ入れて、ベスト盤的なおかずになりました。

461個の弁当のその後

〜そして、家族が増えました〜

娘との223個のお弁当物語

2014年、当時、高校生だった長男・登生への3年間のお弁当作りをまとめた単行本『461個の弁当は、親父と息子の男の約束。』を出版して早いもので、すでに6年が経ちました。僕はその間に再婚して、嬉しいことに可愛い娘とさらに息子、2人の子供を授かりました。

娘が幼稚園に行くことが決まり、昼食はお弁当だというのを聞いて当初はママがお弁当を作る予定でしたが、僕が作ることにしました。

ママは1歳になる息子と普段からパワー全開の娘の世話、そして息子を出産してから体調が不安定なこともあり、かなり疲れていました。子供を見ながら自分の体調を妊娠前の元気な身体に戻すのは本当に大変です。

さらに、週末僕がほとんどライブで家にいないので週の頭は心身ともにヘトヘトでした。なので、あっという間に過ぎるバタバタの朝を少しでも休んで欲しいと思ったので、お弁当は僕が作ることを志願しました。

娘は5歳になり今年の春で幼稚園の年長さんになります。娘の通っている幼稚園の昼食は水曜日以外はお弁当です。数えてみると、今年の春でもう223個のお弁当を作っていました。

かつて息子に作っていた高校生のお弁当より、3歳のお弁当はラクだろうと考えていましたが、意外や意外、作り始めてすぐにいろいろな問題が出て悪戦苦闘の日々でした。

まずは、幼稚園側から、お弁当の量が多いので少なくして欲しいと連絡がありました。理由は、おかずの種類やご飯の量が多いので娘が食べるのに時間がかかり、昼食後の昼休みの遊ぶ時間が少なってしまうというのです。

なるほど、それは気が付きませんでした。僕の気持ちとしては残してもいいからと多めに作っていたのでしたが、余計な行為でした。反省してすぐに全体の量を減らしました。

つぎは、娘からの注文。毎回ご飯だけではなく、パスタや焼きそばなど麺類を入れて欲しいと……。そうだよね、僕もそう思った。大の麺好きの僕としては、しっかり僕の遺伝子を受け継いでいるなと思いながら、娘が好きそうな麺のレシピを調べました。

そして、次はお弁当箱のリクエストでした。映画『トイ・ストーリー』にハマっていたのでお弁当箱をはじめ、コップ、コップ入れケース、スプーンとフォークのセットまで『トイ・ストーリー』で揃えてみました。さらに、ママが一生懸命に作ったお弁当袋は、『トイ・ストーリー』の女の子のキャラクターのジェシーの顔をアップリケしたもの。売り物にしたら、バカ売れしそうなほどよくできた特製・手作りお弁当袋です。

ただ、特製のジェシー袋はまったく問題なかったのですが、お弁当箱をディズニーの「プリンセス」のものにして欲しいと言ってきたのです。そうだよねー。「プリンセス」の方が女の子らしくて可愛いもんね……。お弁当箱以外のコップ、などもすべて「プリンセス」にしました。

そしてさらに、お友達は必ずデザートを持ってきているので私のお弁当にも加えて欲しいと……。だよねー‼　女子はデザート好きだもんね。すぐにデザート用の可愛くて小さな「プリンセス」のケースを探しました。

続いて、ある日の幼稚園から帰ってきて空になったお弁当箱を渡された時、「お友達のお弁当には可愛いピックが入ってるのに私のは入ってない……」と言われました。

そっか、ピック、大事だったか……。お弁当の蓋を開けた時、楽しくなるもんね。すぐさま、100円ショップのお弁当コーナーで「プリンセス」のピックを買いました。娘の一言でお弁当がとても華やかで女の子らしいお弁当にどんどん変身していきました。

息子・登生にお弁当を作っていた時は、ほとんどアレしてコレしてはありませんでした。多分、僕に気を遣っていたのかもしれないですね。娘はまだ幼いせいか、感じたことや思ったことを思うがままに僕に話してくれます。

娘の自然に出て来る言葉や素直な気持ちは、それを受けとめる僕にとって大切なコミュニケーションです。そして、娘の「お弁当美味しかった」と言ってくれる言葉は、僕にとって最高のプレゼントです。

ママの料理はとてもおいしく、亡くなったお母さんが残してくれた数々の料理のレシピ・ノートを参考にしながら手際良く作ります。子供たちも僕が作る料理よりもママが作った料理の方をパクパク食べます。僕もママの料理はおいしくて大好きですが、娘のお弁当は卒園するまで僕が作ります。

娘とのお弁当物語は、まだまだ続きます。

2018.
5.21

はじめの頃の愛娘へのお弁当。おかずが多すぎて食べるのに手間取ってお昼休みに遊ぶ時間がなくなってしまうという悲劇が……。すまなかった!!

鶏の唐揚げ／ゆでブロッコリー／いんげんとにんじんの豚バラ巻き／ヒジキ煮／卵焼き／銀鮭焼き／ふりかけご飯

2018.7.2

お弁当を作り始めてずっと白米でしたが、パンや麺類が食べたいと言われて初めてパンが主食のお弁当にトライ。入れてほしいとリクエストがあった動物のピックも仲間入り。

鶏の唐揚げ／ゆでブロッコリー／卵焼き／プチトマト／きゅうり入りちくわ／ウィンナー／ハムサンド

2019.
6.3

お弁当箱もクラッシックなプリンセスのアルミ製になりました。のりに気持ちを込めてハート型に。おかずの種類もさらに減っていますが、定番の卵焼きは外せません。

メカジキのフライ／ゆでブロッコリー／ウィンナー／卵焼き／焼きのり／ご飯

娘の味の好み

私は、娘をいつも「プーちゃん」と呼んでいます。プーちゃんは、ママのお腹の中にいた時からプーちゃんと呼んでいました。本当、最高に可愛い娘です。プーちゃんは赤ちゃんの時からパワフルで個性豊かでワガママで、とてもママを困らせていました。

ママの言葉で印象的だったのは「ねぇ～、赤ちゃんってこんなに大変なのかな？」と、プーちゃんが寝静まった時につぶやいた言葉でした。

ずっと前に僕が成人してからだったと思いますが母に「ねぇ、俺、小さい時どんな子供だった？」と聞いたことがありました。母は即答で「寝ている時が一番可愛かった」と言いました。付け加えて「だって、じっとしてないんだから……。ずっと忙しかったな」と。そう、娘も同じだ。ずっと忙しい。僕と似てます……。ママは本当に大変です。

ある朝、お迎えの幼稚園バスの集合場所で、娘がほかのママに「パパはお弁当の人なのー」と突然言い出してママさんたちは「えっー何？　それ⁉」と。すぐに「パパはお弁当の名人なの～」と、言っていて恥ずかしくなったことがあります。それと同時に「プーちゃんのために、しっかりお弁当を作ろう」と、あらためて思った瞬間でもありました。

息子・登生と娘のお弁当の違いですが、息子のは高校生というある程度大人に成長していたので、私自身の好みが自由に出せるお弁当でした。しかし、幼稚園の娘のお弁当は僕の好みが完全に封印されるお弁当です。息子は好き嫌いがないし、ある程度凝ったおかずも食べてくれたり、実験的な料理でも面白がって食べてくれました。

しかし、娘は夕食の時はあまり好き嫌いは言わないのですが、お弁当になると好き嫌いがハッキリしています。余計なことをするな！　と、言わんばかりに、オクラとニンジンの肉巻きなどはオクラとニンジンを残して食べてくれません。なにせ、初めて食べるものは抵抗します。厄介です。まるで、頑固な親父に料理を作るように気を遣います。なので、野菜はなるべく細かくするか、すりおろすなどして隠し味的な感じで入れます。

でも、ピーマンだけは特別です。焼いたピーマンの肉詰めは食べませんが、生のピーマンは大好きです。なので、ブロッコリーやカリフラワーは火を入れますが、ピーマンは生で入れます。夕食でも生のピーマンをポリポリ食べます。ちょっと変わってますが、実はこれ、僕もそうです。やっぱり、似てます。

息子と娘のお弁当はそんな違いはありますが、同じことが一つだけあります。僕の料理の腕前が上がったことです。この歳になって成長させてくれる子供たちに感謝です。

息子・登生の成長

息子・登生のことを歌った歌が2曲あります。4歳の時に書いた「LOOKIN ·4」と7歳の時の「Na-O-Su-Yo」です。とくに「LOOKIN ·4」は、初めてのソロ作品だったので思い入れのある曲です。

ソウルセットの歌詞はメンバーのBIKKE《ビッケ》がすべて書いているので、詞を書いたことのない僕にとって初めての試みでした。楽曲に対してメロディーラインを作ることに関しては自信がありましたが、歌詞を書く作業は初めてですし、音符に言葉を乗せるテクニックは全然なかったので不安しかありませんでした。

さらに、「作詞=自ら発する言葉」への責任を感じ、「御主、表現者として本当は何をしたいんだ？　何を言いたいんだ？」という声が、どこからともなく聞こえてきたものです。そんなプレッシャーの中、自問自答し、ふと頭に浮かんだのは息子のことでした。

「そうだ！　素直に一番大切な息子の歌を作ろう」と決めました。

息子が生まれてからしばらくして、ゲームボーイのポケモンのソフトが発売され、僕も「赤・緑・青」をやっていました。僕がゲームをやっている様を息子は幼少ながら感じて僕にもやらせろと言わんばかりに覗き込み、僕の手から必死に奪い取ろうとしました。そんな2人のゲームの様を少しだけ歌詞に入れてみました。

ポケモンとは、ポケモンがいる不思議な世界でトレーナーが自分のポケモンと新しい地域で出会うポケモンとをバトルさせながら旅をするゲームです。バトルという言葉は、ここではコミュニケーションと言い換えてみたいと思います。人生は人と人とがコミュニケーションをとりながら進んで行く旅。決してひとりでは生きていけません。

これから長い人生の中で、たくさんの人との出会いがあるでしょう。自分と似たタイプの人だけではなく、まったく違ったタイプの人や、さまざまな性質の人たちと出会います。そして、楽しいことや困難なこと、そして想像を超えた出来事もたくさん待ち受けていることでしょう。

家族には相談できず、自分自身では解決できないことを仲間に相談し、そして助け合いながら一つひとつ解決していくんだろうな。そんな人生観をこのポケモンのゲームを通じて感じたので、それを作品の中に僕の思い出と一緒に入れてみたのです。

一般的に使われる「反抗期」という言葉は、大人が勝手に作ったものであって、子供を傷つけているような気がします。せっかく自分の考えが芽生えて、自ら発した言や積極的な行動は、「成長期」なのではないでしょうか？　その判断を心配しながら尊重するのが親の役目ではないでしょうか？

子供は親の言うことはなかなか聞きませんが、真似はしてるような気がします。息子は25歳になりバイトをしながら自分の大好きな歌を作品にして歌っています。そして、時々僕を助けるように一緒のステージでこの「LOOKIN ·4」を歌っています。気付いたら、僕の大切な仲間のひとりに「成長」していました。

成長と言えば、息子が4年前からひとり暮らしを始めました。食生活が心配だったんですが、悪戦苦闘しながら自炊をしている話を会うたびに聞かせてくれます。その時に「いつも作ってくれていた、あのわさびパスタはどういう風に作れば良いの？」とか「鶏肉はやっぱりあのスーパーが安いよね？」とか、一緒に住んでいた時とは違った会話が生まれました。

最近はインスタグラムにほぼ毎日写真をアップしているので、それを見るのが楽しみの一つになっています。

文庫版・あとがき

２０１９年末にこの文庫本を出す打ち合わせの後、久しぶりに単行本の『４６１個の弁当は、親父と息子の男の約束。』を読み返しました。

その当時の光景や会話、お世話になった人の顔、さまざまな出来事を思い出しながら読みました。そして、読み終わった後はお腹が〝グーっ〟となりました。

そうでした。この本はお腹が空いている時には読んではいけない本でした。息子と勝手に付けたサブタイトルは「決して空腹時には読まないでください！」でした（笑）。

単行本を出版した２０１４年春、僕の故郷・福島県の川内村と富岡町の生家と実家は、２０１１年の東日本大震災の地震による崩壊と放射能汚染により、取り壊されました。

茨城に避難していた父と母は落ち込んでました。そこで、発売してすぐこの本を持って父と母に会いに行ったのです。

両親はすごく喜んでくれました。母は僕が子供の頃に作ったお弁当の話を生き生きとしてくれました。覚えているものもありましたがほとんど記憶にない話ばかりでした。2人に笑顔が戻った瞬間でもあり、自分も本を出して「良かった」と思った初めての瞬間でした。

震災以降、今までに経験したことのない不安と心配の中で生活が始まりましたが、そのモヤモヤを解消してくれたのが息子でした。週末のライブなどで2、3日いない時は、帰宅すると、録画しておいた面白いお笑いの番組を見せてくれました。平日の夕飯の時はYouTubeの映像を片っ端から見せてくれました。モヤモヤしている僕に常に気を遣って、心配をかけないように笑顔を見せてくれました。

息子がお弁当を食べ続けてくれたおかげで、僕もお弁当を作り続けることができました。食べてくれたおかげでこの本ができました。

そして、お弁当を通じて生まれた僕と息子の小さな「ありがとう」の物語がNHKのドラマにもなりました。うれしいことに漫画にもなって小学館の忘年会に参加した帰り道、「パパの息子で良かった」と言われた時は涙がこみ上げて、その言葉を額にして飾りたいと思いました。すべては、息子の「パパの弁当がいい！」という言葉から始まりました。こちらこそ、お前が息子で良かった。

この本を出させていただいたおかげで、お弁当をはじめ「食」に関するお仕事が増えました。あらためて「食べることは生きること」の重要さを感じました。そして「食」を通じて、人との繋がりの大切さを知りました。

2011年の震災で失ったものはたくさんありましたが、この本のおかげでたくさんの新しい出会いがありました。お弁当箱を作ってる職人さん。美味しいお米や野菜を育てている農家の皆さん。美味しいお肉を生産している酪農の皆さん。命がけで航海に出ている漁師の皆さん。その他、たくさんの方々に支えていただいたおかげで461個のお弁当が生まれました。

僕ひとりが作ったお弁当ではなく、さまざまな人たちの「力」で、できたお弁当でした。これからも人が作り上げた食材や道具に感謝しながら普段の食事も楽しみ、そして、まだまだ続く娘のお弁当作りを愛情を込めてやっていきたいと思います。

ありがとうございました。

渡辺俊美

ごちそう
さまでした

弁当箱はわっぱで、おかずには珍味や漬け物。やっぱり僕は、多くの人に親しまれながら、長年かけて進化している古典的なものが好きなんです。前頁のお弁当袋は、２０１２年に福島で知人から紹介された会津木綿のブランド〈ＩＩＥ〉のもの。会津木綿はハンカチでも手ぬぐいでもないような、独特の感触があり、昔から好きだった。それを思い出して、お弁当袋を特別オーダーで作ってもらいました。一点ずつ手作りしていて、量産できないから、僕も息子も凄く大事に使っています。今の時代、便利なもので溢れているけど、古き良きものを知らないことが多い。そういうものを大切にして、ずっと使い続けることを教えるのが、親の大きな役目かもしれない。だから、大切なお弁当を包むには、こういう特別なものがいいんじゃないかと思っています。

IIE http://iie-aizu.jp

SPECIAL THANKS

らーめんやかた2番（安芸店／高知）
FAVORITE TRUNK（岩出）
しらす創り七代目「山利」（和歌山）
石川硝子工藝舎（岡山）
くらしのギャラリー（岡山）
松本家具研究所（倉敷）
城下公会堂（岡山）
MINERVA（水戸）
NOON＋CAFÉ（大阪）
手打ち蕎麦naru（浜松）
Loop café（仙台）
CAFE GATI（登米）
コーヒー・ルンバ（宇都宮）
WEEDS（大分）
ONE DROP（熊本）
ぎょうざのひぐち（福島）
オステリアディーバ（郡山）
a-bridge（三軒茶屋）
WALTZ（名古屋）
中華菜館八龍（山梨）
Private Hotel RENN（宮古島）
はせ川（喜多方）
大和川酒造店（喜多方）
居酒屋　周平（仙台）
capra（豊橋）
CREEKS.（湯布院）
GAMAGORI BUZZ HOUSE（蒲郡）
osteria Bevitrice（仙台）
太田屋精肉店（宮古）
風知空知（下北沢）
Treasure Hunt（四日市）
cafe MONACA（四日市）
食堂カフェいちしな（伊勢）
MUSIC+BAR CRATES（盛岡）
珈琲 虎ノ穴（青森）
RUMBIAS（新潟）
オッパーラ（江ノ島）
蕎麦酒房 天山（川内）
cafe135（富岡町）
ピアシス芝浦（芝浦ふ頭）
NIPPONIA 楢山集落（西会津）
喫茶 mago（小田原）
日下部民芸館（飛騨高山）
山代温泉　瑠璃光（石川県）
喫茶 音楽 GOODY（岐阜）
The Sessions（名古屋）
ハサミヤ（札幌）
結のはじまり（楢葉）
Go Go Round This World! Books＆Cafe（郡山）
clubSONICiwaki（いわき）
生木場ファーム（いわき）
CRAFT COFFEE　KITAYA（蔵王）
天神浜オートキャンプ場（猪苗代）
Swan-Dive（砺波）
cucina italian OTTO（東温）
野原農妍塾（熊本）
やきとり 奥乃家（熊本）
手のべ冷麺専門店 六盛（別府）
king kitchen（佐賀）
camp&music,KOYA（奄美大島）
西平酒造くらふと村（奄美大島）

風とロック
辻ともこ
木村恵美子（avex）

本書は2014年4月マガジンハウスより刊行された単行本を大幅加筆・再編集し、文庫化しました。
イラスト＝渡辺彩加／撮影＝渡辺俊美（お弁当）、山口徹花（p36、p70、p72～75、p104、p132、p134、p137～138）
編集協力＝渡辺克己
＊本書に掲載したもののうち、問い合わせ先のないものは全て著者私物です。

マガジンハウス文庫

461個《こ》の弁当《べんとう》は、親父《おやじ》と息子《むすこ》の男《おとこ》の約束《やくそく》。

2020年5月14日　第1刷発行
2020年7月22日　第2刷発行

著者　渡辺俊美《わたなべとしみ》
発行者　鉄尾周一
発行所　株式会社マガジンハウス
〒104-8003　東京都中央区銀座3-13-10
電話　書籍編集部　03-3545-7030
受注センター　049-275-1811
印刷・製本所　大日本印刷株式会社
本文デザイン　albireo
文庫フォーマット　細山田デザイン事務所

マガジンハウスのホームページ http://magazineworld.jp/

ISBN978-4-8387-7103-5 C0195